Margaretha Swart

Vom Werden des Seins

Wie eine hoch erwachte Menschheit
sich und die Erde rettet

Botschaften aus der Akasha
und der geistigen Welt

Impressum

Beethovenweg 39, 24159 Kiel, Germany

ISBN 978-3-75462-518-7

Korrektorat: Nora Rebecca Preuß, Ariadne Lektorat in Detmold
www.ariadne-lektorat.de
Illustration: Kerstin Mempel, Atelier Schleuse Nord,
www.kunst-kiel.de

Veröffentlicht über tolino media

Herstellung und Druck über tolino media GmbH & Co. KG,
Albrechtstr. 14, 80636 München. Printed in Germany.
Fragen zu Produktsicherheit an: gpsr@tolino.media.

Für alle

Ihr seid Licht. Ihr trägt den Gottesfunken in euch, ob es euch bewusst ist oder nicht.

Lasst euer Licht strahlen. Dieses Licht ist Liebe, göttliche reine Liebe.

Dieses Licht kann euch niemand nehmen.
Das Licht überwindet alles und ist letztendlich unbesiegbar!

So lasst euer Licht strahlen und leuchten! Unbeirrbar!

INHALT

Teil Drei – Träger des Lichts 119

Liebe, Gnade, Vertrauen ...

Liebe und Gnade,
verzeihen und loslassen.
Dir selbst verzeihen
und anderen verzeihen.
Gnädig sein mit dir und den anderen,
ohne zu urteilen, ohne zu vergleichen,
ohne Erwartungen.

Vertrauen,
der geistigen Welt
und dir selbst vertrauen.
Vertrauen in die anderen.
Vertrauen, dass alles einen Sinn hat.
Dass jeder seinen Weg geht
und gehen darf,
auf seine eigene Art und Weise.

Vertrauen in dich,
in dein Wesen, in deine Fähigkeiten,
sowie darin, dass auch du
einfach sein darfst wie du bist
und
keineswegs perfekt sein musst.

MÄRCHENTEXT

Vorwort von Strength

01.02.2020 – Strength – mit der Bitte, diesen Text ganz vorne einzutragen.*

Es war einmal, lang ist es her, eine junge Frau. Hübsch war sie und blond mit blauen Augen. Lustige Sommersprossen trug sie allsommerlich auf der kleinen Nase. Witzig war sie und fröhlich.

Irgendwann begegnete sie einem jungen Mann und verliebte sich zutiefst. Folgte ihm in sein Land. Das Volk dieses Landes war ernst und gründlich und anders entwickelt, als sie es kannte. Sie verlor ihre natürliche Fröhlichkeit, zumindest scheinbar. Sie liebte diesen jungen Mann jedoch immer noch sehr. Ging voll Vertrauen an seiner Seite. Sie bekamen drei Kinder und sie war eine liebevolle, tragende und zugleich loslassende Mutter, die ihren Kindern viel Spielraum zur Entfaltung ließ und nur dann Grenzen zeigte, wenn dies wahrhaft notwendig schien.

Der Mann an ihrer Seite verlor zwischenzeitlich seinen so wunderbaren Schwung und sein Gedankengut der Flower Power Zeit. Er wurde »angepasst« und »langweilig«. Er entfaltete sich nicht weiter, stellte nichts Etabliertes in Frage. Es kam zu einem unerträglichen Auseinanderleben. Die tiefen Gespräche voller Verständnis und gegenseitiger Unterstützung schwanden. Sie verloren sich.

Sie fand sich eines Tages nach einer sehr unerfreulichen Auseinandersetzung völlig allein und verlassen. Ohne Partner an ihrer Seite. Was war passiert? Sie versuchte, ihn zu erreichen. Und obwohl sein Körper anwesend war, war er nicht zu Hause. Immer öfter war gar nichts von ihm da. Auch sein Körper nicht. Sie konnte nichts machen, er war unerreichbar. Ihre Wege hatten sich getrennt. Es machte sie so tief traurig, dass sie drei Tage und Nächte lang weinte. Still weinte. Die Tränen liefen unaufhaltsam, bis sie schließlich nach drei Tagen versiegten. Da erst war ihr klar, dass sie nun wirklich allein war. Sie liebte ihre Kinder sehr und tat alles, um fröhlich und voll Vertrauen zu bleiben und sie weiterhin zu tragen und zu unterstützen. Sie durchlebte und durchstand Trennung und Scheidung, fand Arbeit und wurde wieder so selbständig, wie sie einst war.

Sie entwickelte sich spirituell. Interessierte sich für Philosophie, Psychologie und Heilung auf psychischer sowie körperlicher Ebene. Ihr besonderes Interesse galt den naturheilkundlichen Methoden wie Homöopathie, Phytotherapie sowie anthroposophischer Medizin. Auch Steinheilkunde war hoch interessant für sie. Sie liebte Kristalle in vielen verschiedenen Farben, Formen und Arten.

Eines Tages kam sie zu einem Seminar, wo sie Kristallheilarbeit lernte. Heilenergieübertragung mittels Kristalle und Kristalllegemuster sowie mit den eigenen Händen unter Verwendung von unterschiedlichen Energien. Sie fühlte sich voll in ihrem Element, so als ob sie endlich nach Hause käme. Es war egal, auf welchem Kontinent, in welchem Land oder in welcher Stadt sie lebte. Sie erfuhr nun zutiefst, wer und was sie wirklich war und was sie rief.

Sie lernte viel und fing bald an, mit Menschen zu arbeiten. Dabei setzte sie nicht nur die Kristallheilarbeit und ihre Hände ein, sondern all das, was sie in den vorherigen Jahren in Seminaren und Kursen gelernt und sich erarbeitet hatte. Sie bildete sich weiter und wurde eine wahre Heilerin, wollte aber nicht so genannt werden. Sie sagte stets: »Heilen kann dich nur einer und das bist du selbst. Ich begleite und unterstütze dich mit Freude. Stelle auch gerne Heilenergien zur Verfügung. Helfe Blockaden und störende Muster zu lösen. Aber heilen, nein, das tue nicht ich.« Wenn allerdings wahre Heilung hier und da geschah oder es den Menschen nach einigen Sitzungen so viel besser ging, war sie stets tief dankbar und voller Freude, tanzte jauchzend in der Runde und sang: »Ist das schön, ach, ist das so schön!«

Sie wurde zu einer wahren Begleiterin der Liebe, der bedingungslosen Liebe, in der auf Erden höchstmöglichen Art und Weise. Sie wusste nun, nur die Liebe heilt wirklich. Sie wusste, Liebe ist die wahre, tragende, heilende Kraft dieses Planeten. Sie ist kosmisch, universell, göttlich.

PROLOG

Eine völlig gewöhnliche Frau war ich einst. Glaubte ich zumindest. Meine Schwester war anders. Sie beschäftigte sich schon sehr früh mit Philosophie und sagte mir eines Tages, nun würde sie wissen, statt zu glauben. Worauf ich bissig antwortete, dies sei dann kein Glaube mehr, sondern Wissenschaft. Meine Eltern waren der ängstlichen Überzeugung, dass meine Schwester in einer Sekte gelandet wäre. Dies stimmte nicht. Sie ging aber andere Wege.

Meine Familie war völlig unspirituell, dachte ich jedenfalls immer. Zurückblickend stimmt dies nicht so ganz. Sowohl mein Vater als auch meine Mutter erzählten über besondere Erlebnisse. Meine Oma träumte regelmäßig von einer »Frau in Weiß«, die an der Tür erschien und eine Botschaft des Todes vermittelte. Stets waren es bildliche Nachrichten. Immer waren sie verschlüsselt, sodass Oma dann fragte: »Wer denn nun wieder gestorben ist ...?«

An einer Geschichte erinnere ich mich noch sehr gut. Die Frau in Weiß hatte Schuhe abgegeben. Das Rätselraten, wer denn nun gestorben sein könnte, war groß. Kurze Zeit später kam aus Amsterdam, wo meine Großeltern bis vor einigen Jahren gelebt hatten, die Nachricht, dass der Schuhmacher, dem sie seit Jahrzehnten die Schuhe der ganzen Familie zur Reparatur gebracht hatte, gestorben war.

Als mein Vater schwer krank war und ich gerade dort zu Besuch war, erzählte meine Mutter, sie habe so fremd geträumt. Es habe an der Tür geklingelt, sie habe aufgemacht und es war der Postbote, der ihr einen großen Umschlag mit dicker schwarzer Umrandung aushändigte. Sie nahm ihn an und meinte verwundert »aber es ist doch heute Sonntag, wieso kommen Sie denn heute?« »Tja, solche Dinge erledigen wir auch sonntags.« Keine 14 Tage später starb mein Vater an einem Sonntag.

Mein Vater war leidenschaftlicher Anhänger eines Buches von Erich von Däniken mit dem Namen »Waren die Götter Astronauten?«. Es lag bei uns auf dem Salontisch. Obwohl ich dieses Buch bis jetzt nicht gelesen habe, ist mir die These der urzeitlichen

Landebahnen in Peru bekannt. Der Titel war sehr einprägsam und ich habe ihn nie vergessen. Erst jetzt hat die Annahme von »Göttern«, die von oben kamen, eine besondere Bedeutung für mich bekommen.

Selber erlebte ich mehrere Zukunftsträume und sporadische Klarträume. Unter Klarträume verstehe ich Träume, die wohl irgendwie während des Schlafes auftauchen, sich dennoch durch große Klarheit und Wachheit auszeichnen, zugleich sehr einprägsam und unglaublich klar in ihrer Botschaft sind. Sie scheinen ähnlich zu sein wie Zukunftsträume mit dem Unterschied, dass es nicht wirklich um Zukunft geht.

Ich liege in meinem Bett und schlafe, als es mitten in der Nacht an der Tür klingelt. Ich stehe verwundert auf und öffne die Tür. Da steht mein kürzlich verstorbener älterer Bruder. Er sieht so schön und gut aus wie in seinen besten Jahren. Er strahlt mich an und meint: »Mache dir keine Sorgen. Alles ist gut und es geht mir ausgezeichnet, wie du siehst.« Das Verwunderliche an diesem Traum war, dass ich mich damals, nach seinem Sterben tatsächlich fragte, ob ich genug für ihn getan hatte. Daher war die Botschaft dieses Klartraumes sehr befreiend für mich. Wie glücklich er mich anstrahlte. Da war jede Sorge um ihn fehl am Platz!

Geboren wurde ich auf der Insel Ameland, einer westfriesischen Insel im niederländischen Wattenmeer. Mein Vater war dort Lehrer. Kurz nach dem Krieg gab es nicht viel Wohnraum und so wurde unserer Familie die »Pastorie« (Wohnhaus des Pastors) zur Verfügung gestellt, bis der neue Pastor kommen würde. Es war ein Ehrenplatz. In dieser Pastorie kam ich zur Welt.

1973 rief mich die Liebe nach Deutschland. Wir heirateten und ich arbeitete weiter als Fremdsprachensekretärin. Wir bekamen drei Kinder und erlebten gute, reiche und schöne Jahre. Bis es irgendwann ganz gewaltig kriselte. Letztendlich führte dies zur Trennung und Scheidung. Es waren harte Jahre für die Kinder und mich. Wie wahrscheinlich ebenfalls für den Vater meiner Kinder. Dieses Land »Deutschland«, ist das Vaterland meiner Kinder, während »Holland« mein Vaterland und quasi das Mutterland meiner Kinder ist.

Seit meiner Scheidung lebe ich am Stadtrand in einem kleinen Reihenhaus mit Garten, was ich sehr liebe. Meine drei Kinder – zwei Jungs und ein Mädchen – sind erwachsen und ich habe inzwischen vier Enkelkinder – zwei Jungs und zwei Mädchen – die jetzt elf, sieben und drei Jahre alt sind. Das zweite Mädchen ist erst wenige Monate alt.

Im Laufe der Jahre machte ich verschiedene Ausbildungen, unter anderem zur Gesundheitsberaterin (GGB). Dabei lernte ich viel über eine gesunde Lebensweise im Rahmen der Schöpfungsgesetze, eine gesunderhaltende Ernährungsweise, lebens- und ernährungsbedingte Krankheiten, die Umwelt und vieles mehr. Ich besuchte vier Jahre lang Seminare für Kommunikationstraining auf der Grundlage der Transaktionsanalyse und lernte viel über das, was zwischen Menschen passiert, wodurch Probleme entstehen und wie sie gelöst werden können. Ein hilfreiches Werkzeug.

Während dieser Zeit sah ich eine Werbung für Reiki, ohne überhaupt zu wissen, was das genau war. Sie zeigte in etwa die zwei bekannten Hände der »Erschaffung Adams« aus Michelangelos Fresko am Gewölbe der Sixtinischen Kapelle. Dieses Bild berührte mich sehr. Diese Werbung sah ich in den nächsten Tagen noch zwei Mal an verschiedenen Stellen. Insgesamt drei Mal – ein Zeichen?

Mit einer Freundin ging ich zu der beworbenen Informationsveranstaltung. Wir saßen in einem Kreis. Der Reikimeister nahm in der Mitte Platz und erklärte Einzelheiten. Inzwischen hatten wir nacheinander die Möglichkeit, eine Kurzbehandlung von einigen Minuten zu erhalten. Drei Reiki gebenden Personen saßen dazu am Rande des Kreises. Irgendwann ließ ich mir eine Kurzbehandlung geben. Ich merkte nichts Besonderes und setzte mich wieder neben meiner Freundin. Plötzlich nahm ich ein eigenartiges Licht wahr. Ein helles weißes Licht, das zugleich etwas neblig war. Es schien oben aus der Ecke zu strahlen, schräg nach unten auf eine Person, die behandelt wurde. Ich würde es als einen von oben kommenden Lichtstrahl beschreiben, so wie er manchmal auf alten religiösen Bilder dargestellt wird.

Leise flüsternd fragte ich meine Freundin »siehst du das?« »Was?« »Na, das Licht da in der Ecke.« »Nein, ich sehe nichts.« Sie schaute mich verwundert an. Ich war auch verwundert. Wieso sieht sie das nicht? Ich wandte meine Aufmerksamkeit wieder dem Meister zu und sah um seinen Kopf jetzt ebenfalls ein Licht. Dann fiel mir auf, dass alle Teilnehmer solche Lichter hatten, das Licht des Reikimeisters war jedoch am hellsten. Ich war zutiefst irritiert. Immer wieder schob ich meine Kontaktlinsen im Auge hoch, um sicher zu stellen, dass mir diese keine Trugbilder zeigten.

Am nächsten Tag sah ich überall Licht um Gegenstände, um Bäume, um Gebäude, um Menschen. Ich dachte, ich drehe durch. Ich rief den Reikimeister an und bat um Erklärung und Hilfe. Lakonisch sagte er, dass so was passieren könnte und nein, helfen könne er mir nicht. Auf meine Frage, ob er mir denn jemand nennen konnte, der mich unterstützen könnte, kam erneut eine Verneinung. So stand ich da, ohne zu wissen, wie ich mit diesem Phänomen umgehen konnte. Sein Versagen, mir helfen zu können, war grotesk. Gleichzeitig war gerade die Tatsache, auf mich selbst zurückgeworfen zu sein, eine große Chance und der Anfang meiner spirituellen Suche. Ich fand heraus, dass es hilfreiche Literatur gibt. Und verstand schließlich, dass das Licht, was ich sah, ein Teil der Aura war. Ich lernte selber, es wegzuschalten und nur bei Bedarf anzuschalten. Der Lichtstrahl in der Ecke blieb ein sehr besonderes Phänomen.

Jahre später erzählte eine gute Bekannte über ein Seminar zur Heilung mit Kristallen, wo sie hingehen wolle und erzählte, dass dazu noch eine Person gebraucht würde. Ich liebe Kristalle in allen Formen und Farben und ja, so kam ich zum Kristallheilseminar nach den Originalmethoden von Frank Alper*. Die Seminarleiterin heißt Margot Verhülsdonk. Leider ist sie inzwischen verstorben. Ich habe sehr viel von ihr gelernt. Nach dem ersten Ausbildungswochenende meinte meine Bekannte: »Das geht jetzt irgendwie

Richtung channeln.« Meine äußerst intelligente Reaktion: »Hè ...?« Mein Gedanke: Channeln*? Gruselig! Nichts für mich ...!

Ja, so fing es an. Während und nach dieser Ausbildung channelte ich von Anfang an, wusste aber nicht, dass das, was ich erlebte, quasi channeln war. Ich erzählte einer Bekannten, mit der ich einige Monate später den zweiten Teil des Seminars machte, von diesen Erlebnissen. Sie sagte mir: »Schreib es auf, schreib es auf, sonst vergisst du es.« Recht hatte sie und so schrieb ich die Erlebnisse in den Computer. Ich channelte in dieser Zeit neugierig und unbefangen wie ein Kind, ohne Bewusstsein für das, was ich wirklich tat.

Buchaufteilung

Eine Auslese aus diesen frühen Channelings und Erlebnissen ist auf Anweisung »meiner Meister« im ersten Teil dieses Buches zusammengestellt. Der zweite und dritte Teil umfassen Botschaften, die mir durch »meine Meister« über einen Zeitraum von gut einem Jahr vermittelt wurden. Der zweite Teil beinhaltet Texte, die 2019 empfangen wurden, während sich die Botschaften von 2020 im dritten Teil befinden.

Die Texte sind in der Reihenfolge belassen, wie sie empfangen wurden.

Sie scheinen wichtige Botschaften zu tragen, die von großer Bedeutung für unsere Zukunft, die Zukunft des Planeten Erde und seine Bewohner sind.

Glossarverweis

Mit diesem Zeichen (*) werden verschiedene Begriffe bei ihrem ersten Erscheinen im Text gekennzeichnet und im Glossar am Ende des Buches erläutert.

TEIL EINS

SICH ERINNERN

JEDE(R) IST EINE WUNDERBARE SEELE,
DIE EINEN ERDENWEG GEHT.

EINE SEELE,
DIE EINEN MENSCHENKÖRPER ANNIMMT,
DABEI ZUNÄCHST VERGISST,
WER SIE WAHRHAFT IST.

1

DAS KRISTALLHEILSEMINAR

Sommer 2011 – In dem ersten Kristallheilseminar werden wir u. a. gebeten, in die sog. Bibliothek* zu reisen. Ein großer Raum mit vielen Büchern, der sich auf einer anderen Ebene befindet. Ich habe die Aufgabe, in dieser Bibliothek nach »meinem Buch« zu fragen. Diese Bücherei ist auch als Akasha*(-Chronik) bekannt. Sie umfasst alle Erfahrungen und Erkenntnisse, Gedanken, Gefühle usw. dieses Lebens der jetzigen Persönlichkeit sowie aller vergangenen Leben (Inkarnationen) dieser Seele*. Für jedes Leben ein Buch. Diese näheren Einzelheiten zu der sog. Bibliothek waren mir damals nicht bekannt. So reiste ich völlig unbefangen.

Beim ersten Mal, als ich die Bibliothek besuche, gehe ich unter Margots Anleitung. Wir reisen stets mit Laurita* hin und auch wieder zurück. Laurita ist die Erzengelin der universellen Liebesgnade und Gnadenliebe.

Ich minimiere mich und gehe hoch in die Bibliothek. Ich finde mich in einem sehr großen, etwas düsteren Raum wieder. Die Decke extrem hoch, irgendwie ohne Ende. Ich schreite langsam in den Raum hinein und schaue mich um. Ich sehe zwei Pulte. In deren Nähe steht ein Mann, gekleidet wie ein Butler. Er trägt eine Art Livree, einen dunklen Anzug mit einer silbrig-blau-golden gestreiften Weste.

Er scheint genau zu wissen, was ich möchte. Wortlos reicht er mir einen großen blauen Einband mit tiefer liegenden goldenen Zeichen (Buchstaben?). Ich lege das schwere Buch auf das Pult und schlage es vorsichtig auf. Die erste Seite ist unbeschrieben, die nächste auch. Alle Seiten scheinen blank zu sein. Ich bin irritiert, schließe das Buch wieder und betrachte es ausgiebig von allen Seiten. Wieso sind diese Schriftzeichen golden, Margot hat mir doch gesagt, ich sei eines der silber-blauen Strahlenkinder? Ich versuche, die Zeichen zu versilbern. Sie werden aber immer wieder golden. Dann schaue ich nochmal vorsichtig in das Buch hinein. Nun ist eine der Seiten mit einigen Schriftzügen versehen, die ich aber nicht entziffern kann. Verwirrt schaue ich auf die Zeichen.

Ich sehe den Mann auf mich zukommen; still nimmt er mir das Buch weg, verbeugt sich leicht in meine Richtung und geht.

Nachdenklich verlasse ich die Bibliothek und gehe zur Erde zurück. Wieso ist das mein Buch, obwohl ich darin nichts entziffern, nichts lesen kann? Eigenartig! Erst später fällt mir auf, dass die Zeichen ein wenig wie die Barcodes auf den heutigen Waren in den Läden ausgesehen haben. Eine Art Code also? Symbole? Eine Geheimschrift?

Das zweite Mal, dass ich in die Bibliothek gehe, bin ich zu Hause. Wieder bekomme ich sofort ohne zu fragen das blaue Buch vom Mann in Livree ausgehändigt. Ich schaue es ehrfurchtsvoll an. Dann blättere ich die erste Seite auf. Wieder sehe ich dort diese eigenartigen Zeichen, die ich nicht entziffern kann. Ich starre auf die erste Zeile. Plötzlich kann ich ein Wort lesen: »Ruana« steht da. Und dann »Dein Name ist Ruana«. Ich blinzele, schüttele mein Kopf und schaue erneut hin. »Ruana« lese ich wieder ganz deutlich »Dein Name ist Ruana« und dann »Ruana, Göttin des siebten Himmels.« Ich fange an zu lachen. Siebter Himmel, ha, ha, das finde ich lustig.

Augenblicklich sitze ich wieder zu Hause auf meinem Sofa. So zu lachen, lerne ich, holt mich sofort ins Hier und Jetzt zurück. Kopfschüttelnd lache ich immer noch halblaut vor mich hin. »Siebter Himmel«, echt verrückt! Ich habe es aber wirklich gelesen, ohne jeden Zweifel! So was Eigenartiges!

Auch beim dritten Mal bin ich allein.
In der Bibliothek angekommen, sehe ich, dass es in einer weiten Ecke des Raumes eigenartig leuchtet. Dieses Leuchten zieht mich magisch an. Als ich näher komme, sehe ich einige riesige Kristalle, die weit, weit in die Höhe ragen. Sie sind kristallklar und dennoch

strahlen sie sanfte Farben aus. Auch die Durchmesser sind unvorstellbar groß. Mindestens zwei bis drei Meter. Sie sehen aus wie Riesenzylinder mit Flächen, die ich nicht zählen kann. Sind es sechs, zehn? Atemlos still stehe ich da und staune. Fühle mich unbeschreiblich tief berührt. Mich erfüllt eine eigenartige, tiefe Sehnsucht, fremd und dennoch vertraut.
Der Mann kommt und führt mich sanft weg. Ich gehe nachdenklich zurück zur Erde.

Das vierte Mal bin ich bei Margot und sie führt.
Ich befinde mich in der Bibliothek. Bekomme auch diesmal sofort das blaue Buch mit den goldenen Schriftzügen ausgehändigt. Innen sind die Seiten zuerst blank, während kurz darauf wie beim letzten Mal die »geheimen« Zeichen erscheinen. Plötzlich sind die Riesenkristalle da und ich finde mich zu ihren Füßen wieder. Ich schaue ehrfürchtig und nachdenklich auf diese immensen, beeindruckenden Kristalle. Wie unendlich schön sie sind! Es scheint fast so, als wären sie dort nur erschienen, damit ich sie sehen kann. Ihre Anwesenheit und Schönheit bewegt mich sehr.

Ich bemerke, dass der Mann neben mir steht. Ich schaue ihn an. Sein Blick ist still wie sein Gesicht, aber so voller Liebe, dass ich mich traue, ihn zu fragen, was das hier mit mir zu tun habe.

»Dein Name ist Ruana, Göttin des siebten Himmels«, sagt er sanft aber bestimmt.

»Was habe ich mit diesen Kristallen zu tun?«

Wieder sagt er, dass mein Name Ruana sei, fügt dann aber hinzu: »Du bist Ruana, die Hüterin der Kristalle.«

»Wie?« Ich bin verwirrt.

Der Mann fährt fort: »Diese Kristalle ragen bis in den siebten Himmel, nicht real, aber spirituell.« Er nimmt mir schweigend, ohne eine Miene zu verziehen, das Buch weg, während er sich höflich mit einer leichten Bewegung in meine Richtung verbeugt und verschwindet.

Beim nächsten Mal reise ich wieder allein.
Sobald ich in der Bibliothek ankomme, stehe ich vor den Kristallen. Auch diesmal fühle ich mich tief berührt und zugleich hilflos. Sofort ist der Mann in Livree neben mir.

Nachdenklich sage ich, dass ich vielleicht die Hüterin der Kristalle bin, sie aber zugleich nicht kenne. So eben auch nicht wissen kann, was denn meine Aufgabe als Hüterin ist. Ich frage ihn, was ich beitragen kann, um sie näher kennenzulernen und zu erfahren, wie ich Kontakt mit ihnen aufnehmen kann.

Er sagt mir, ich müsse in die Kristalle hineingehen – in das jeweilige Zentrum – dann würden die Kristalle mir klar machen können, was zu tun ist. Zugleich macht er mir aber irgendwie deutlich, dass ich das jetzt noch nicht darf. Ich würde das nicht aushalten. Ich müsste mich darauf vorbereiten.

»Wie«, frage ich, »wie kann ich mich darauf vorbereiten?«

»Du hast doch eine Lehrerin, frage sie. Sie wird dir helfen.«

Ich bin zu Tränen gerührt. Das Ganze trifft mich tief in meiner Seele. Ich fühle mich aber auch zutiefst verwirrt. Fühle mich vollkommen überfordert. Margot fragen, ja, das kann ich natürlich machen. Was kommt da aber auf mich zu und will ich das überhaupt?
Ruhig führt er mich weg von den Kristallen, verneigt sich leicht und ist verschwunden.

Danach war ich nochmals in der Bibliothek mit dem Ziel zu fragen, was ich brauche, um mit der Heilarbeit zu beginnen. Warum ich hadere und dennoch so begeistert bin und sofort anfangen möchte.

Es erscheint ein an der Decke schwebender, sehr beindruckender, großer Engel mit weit ausgebreiteten Flügeln von einer enormen Spannbreite. Die Flügel haben fast die Farbe eines Adlers. Der Engel ist für mich als deutlich weiblich wahrnehmbar – als eine Engelin.

Sie schaut liebevoll zu mir hinunter und sagt nur: »Fürchte dich nicht, habe Vertrauen«. Es klingt sanft und zugleich sehr eindringlich. Betroffen spüre ich, dass genau das mein Problem ist: Ich habe Angst und es mangelt mir an genügend Vertrauen. Daran habe ich zuerst zu arbeiten. Es geht einerseits um Vertrauen in mich selbst und in meine Fähigkeiten, zugleich aber spüre ich, dass da noch etwas anderes ist, etwas Altes, das ich nicht fassen kann, mir aber große Angst macht. Dauernd beschleicht mich das Gefühl, nicht heilen zu dürfen. Wenn ich es dennoch mache, könnte es gefährlich, sehr gefährlich, für mich werden – gar tödlich.

Die »Adlerengelin« schaut mich an und lächelt verstehend – sie scheint meine Gedanken lesen zu können – und sagt nochmals: »Fürchte dich nicht, habe Vertrauen«. Die Worte hallen in mir nach. Ich fühle mich zutiefst erkannt, zugleich aber schwindet die Angst nicht – noch nicht.
Ich gehe zurück zur Erde.

Noch habe ich nicht mit Margot gesprochen. Auch in diesem Jahr (2012) macht mir der dunkle Januar wieder sehr zu schaffen. Ich gehe noch einmal kurz in die Bibliothek.

Wieder bin ich sofort bei den Kristallen. Ich stehe nur da, spüre und schaue. Es geht den Kristallen nicht gut, links hinten breitet sich eine Dunkelheit aus, die an den Kräften der Kristalle zehrt. Wenn ich wirklich helfen kann, wird es höchste Zeit, meine Aufgabe wahrzunehmen.
Den Mann in Livree habe ich nicht gesehen.

Leuchtende Kristalle.

Jeden Abend lege ich fünf kleine Bergkristallspitzen auf meine fünf Hauptchakren, damit die Chakren* immer wieder in einer Linie zurückfinden und so außerdem das Immunsystem gestärkt wird. Ich bewahre sie in einem Organzabeutelchen auf. Beim letzten Vollmond merke ich plötzlich, dass die Kristalle in diesem Beutelchen aufleuchten. Ich bin hellauf begeistert. Und lasse in dieser Nacht im ganzen Haus die Bergkristallspitzen aufleuchten. Große und kleine Kristalle, alle leuchten sie auf. So, als ob sie eine kleine Glühbirne im Inneren versteckt hätten. Ich rufe Margot an und frage, ob sie das auch schon gesehen hat und warum sie denn nicht erzählt hätte, dass sie leuchten? Sie bleibt ganz ruhig und sagt mir, ich solle diese Erfahrung als ein Geschenk annehmen. Ich bin baff, denke ich doch, dass jeder dies sehen kann. Sollte es so sein, dass dieses Leuchten nur durch die Zusammenarbeit zwischen den Kristallen und mir entsteht? Ich bin noch im Zweifel. Das Leuchten ist aber wunderschön ...! Manchmal ist es stärker, manchmal schwächer, aber immer da, nicht nur bei Vollmond! Das Leuchten hängt auch keineswegs mit dem Organzabeutelchen zusammen, sondern ist erstaunlicherweise ein eigenständiges Phänomen.

Inzwischen war ich nochmals in der Bibliothek.
Wieder sehe ich den dunklen Schatten auf den Riesenkristallen links hinten. Er schien mir nicht größer geworden zu sein, aber es fühlt sich gar nicht gut an.

Es ist jetzt Ende September 2012. Ich bin vor einigen Tagen wieder in die Bibliothek gegangen.
Ohne Zwischenstopp schwebe ich hoch über den Kristallspitzen und schaue auf sie hinunter. Sie sehen dumpf und grau aus, ohne Glanz, ohne Licht. Da fallen mir meine Kristalle zu Hause ein. Kristalle, die leuchten! Kristalle mit innerem Licht! Sofort weiß ich irgendwie, was zu tun ist. Ich schicke das Licht, wie ich es aus meinen Kristallen kenne, in diese Riesenkristalle hinein. Das ist in dieser »Machtposition«, die ich da schwebend innehabe, sehr leicht. Sie leuchten sofort auf. Aber noch nicht strahlend genug.

Ich schaue hinunter und sehe mich ganz klein neben dem Mann in Livree stehen, unten zu den Füssen der Kristalle. Er hat mich an der Hand genommen. Ich sehe so winzig wie ein kleines Kind aus. Wie ein kleines Ich. Dann bin ich auch schon wieder in diesem kleinen Körper.

Anschließend bin ich sofort zurück auf der Erde. Und wieder normal ich!

Inzwischen habe ich einige Erfahrung mit Gegebenheiten, die ich »gesehen« habe. Sei es im Traum, bei der Wahrnehmung durch Handauflegen oder bei Erzählungen. Ich konnte sie größtenteils überprüfen und die Sinneseindrücke stimmten! Das hat mich zuerst auch wieder umgehauen. Ich schaue beispielsweise von zu Hause aus nach dem Pferd meiner Tochter, das einige Kilometer entfernt auf einem Hof lebt. Sie erzählt mir, es huste eigenartig, ich sehe weiße Stellen im Rachenbereich. Der Tierarzt diagnostiziert kurz darauf »Angina«. Unglaublich! Und so gibt es viel mehr Geschichten. Ich habe mir vorgenommen, auch diese aufzuschreiben.

Mit Margot habe ich gesprochen. Wir treffen uns bald. Sie scheint etwas genervt davon zu sein, dass ich solche Schwierigkeiten habe, meine Wahrnehmungen anzunehmen und zu vertrauen. Sie weiß aber auch noch nicht, was ich alles so »sehe«. Ich hatte zwar immer schon besondere Wahrnehmungen, aber an die war ich gewöhnt. Diese so rapide Weiterentwicklung von meiner »Sehfähigkeit« in nur einem Jahr ist aber etwas, was verarbeitet werden will und muss. Ich arbeite sehr daran. Aber wer sieht schon im abgedunkelten Schlafzimmer die Funken fliegen und die Energie vibrierend in bunten Farben tanzen? Lichter in Kristalle aufleuchten oder den verstorbenen Bruder, der an der Tür klingelt? Und so lebhafte Bilder in fremden Chakren? Ich »weiß« das Geschlecht des ungeborenen Kindes meiner Kollegin. »Sehe« während der Erzählung einer Hundebesitzerin genau wie der Hund aussieht etc., etc.

Ich freue mich riesig über diese neuen Fähigkeiten/Gaben, zugleich entspricht dieses Erleben aber nicht unserer sogenannten normalen Realität. Bin ich bereit, diesen anderen Weg bis in die letzte Konsequenz zu leben und zu tragen? Ich glaube inzwischen ja. Nun, wo ich in Rente bin, kann ich mich dem hingeben.

Noch vor Weihnachten 2012 war ich bei Margot. Zuvor habe ich sie gebeten, die Aufzeichnungen über meine Wahrnehmungen in der Bibliothek zu lesen, damit wir darüber sprechen können. Sie ist einverstanden und so habe ich ihr meine niedergeschriebenen Erlebnisse zugeschickt. Sie hat es bei Adamis* überprüft. Sie sagt, es würde stimmen: Mein Name ist Ruana und ich bin die Hüterin der Kristalle. Der Name Ruana würde so viel wie »Glückseligkeit« bedeuten. Außerdem teilt sie mir mit, dass ich ein Regenbogenkind* sei und dass Ivanor* der Hüter der Strahlenkinder* des Regenbogens* ist. Hierzu gehören ebenfalls Jesus und Maria. Ich solle mehr mit ihnen zusammen arbeiten und auch intensiver mit Adamis. Ja, und der Mann in Livree, den ich in der Bibliothek treffe, sei mein Lehrer, mein Geistlehrer, mein Begleiter auf dieser Ebene.

Ich frage Margot, wie ich weiterkommen kann. Ich habe das Gefühl, auf der Stelle zu treten und Hilfe, Unterstützung und Weiterentwicklung zu benötigen. Ich spüre, dass ich mir selbst im Wege stehe. Margot empfiehlt mir, eventuell in die Schweiz zu fahren. Sie kann mir nicht weiterhelfen.

2

Die Entscheidung

Nach dem Gespräch mit Margot bin ich erst einmal platt! »Regenbogenkind*, Hüterin der Kristalle, Ruana ...!« Konnte ich doch bis jetzt noch glauben, dass alles meiner lebhaften Fantasie entsprang, muss ich nun akzeptieren lernen, dass es offenbar meine spirituelle Realität ist. Und die Schweiz, ich weiß nicht recht. Und Channeln, denn das ist es, was ich lernen sollte, um Dinge klar zu sehen, finde ich irgendwie nicht geheuer.

Erst allmählich wird mir klar, dass die Erfahrungen und Erlebnisse in der Bibliothek bereits die ganze Zeit von mir gechannelt werden. Offen und neugierig wie ein Kind bin ich in die Bibliothek gegangen und habe einfach nur geschaut. Zu channeln wie ein Kind, ist ein wahres Geschenk. Später, als ich tatsächlich channeln lerne, verliere ich erst einmal diese kindliche Unbefangenheit und darf sie mit viel Vertrauen, Zuversicht und nicht zuletzt mit Freude zurückerlangen.

Die Entscheidung für oder wider die Schweiz fällt mir nicht leicht. Mir ist als quasi frisch gebackene »Hüterin der Kristalle« nicht klar, ob ich über weltliche Lehrer mehr über Kristalle und Kristallheilung lernen sollte, oder ob das auf andere Art geschehen sollte. Soll ich mich einfach nur erinnern? Aber wie wohl? Die Heilarbeit mit Kristallen habe ich bereits bei Margot gelernt. Vielleicht nicht ganz so intensiv, wie es in der Schweiz gelehrt wird, aber immerhin. Wie soll ich mich jetzt entscheiden? Weiterbildung in Channeling oder doch eher mehr Kristallheilung?

So gehe ich ganz naiv und völlig ahnungslos hoch in die Bibliothek:

Mein Lehrer ist sofort da. Ich frage: »Soll ich auch die Kristallseminare in der Schweiz besuchen?« Zu meinem Erstaunen spricht er plötzlich ganze Sätze und das auch noch recht laut. Er scheint aufgebracht. »Margaretha, was denkst du dir wohl? Jetzt werde bloß nicht eingebildet!« Sonst nichts. Stille. Verdutzt schreite ich rückwärts, drehe mich kurzerhand um und verlasse die Bibliothek. Während ich bereits zurück zur Erde schwebe, höre ich, wie er mir mit lauter Stimme hinterherruft: »Ja, lerne alles, was du lernen kannst!«

Ich schreibe eine E-Mail an Stéphanie*, die Seminarleiterin in der Schweiz (Anfang Januar 2013):
»Heute Nacht ging ich zu meinem spirituellen, geistigen Lehrer, den ich immer wieder in den oberen Welten begegne, um zu fragen, ob ich bei Ihnen auch die Kristallseminare belegen sollte. Es passierten (natürlich) andere Dinge. Aber die Antwort ist letztendlich: ›Ja, lerne alles, was du lernen kannst!‹ Es sieht also so aus, dass wir uns in nächster Zeit mehrmals begegnen werden. Ich melde mich hiermit für alle drei Seminare des ›Integrierten Kanals‹ (Channeltraining) 2013 an. Ich hoffe sehr, dass sie stattfinden und freue mich schon riesig.«

Stéphanie antwortet: Dass ich das so schön empfangen habe und »Lerne alles, was du lernen kannst«, so wunderbar offen formuliert ist, weil das Lernen ja dauernd und überall stattfindet und nicht auf Ausbildungen und Seminare begrenzt ist! Sie macht gleichzeitig darauf aufmerksam, dass mir die geistige Welt keine Entscheidungen abnimmt. Sie macht Vorschläge, gibt Impulse, mischt sich aber nicht in die Entscheidungen ein. Es sei wichtig zu beachten, dass wir den freien Willen und die Wahl haben und selber die Verantwortung für unsere Entscheidungen tragen.

Dass uns keine Entscheidungen abgenommen werden, wie naiv und unbedarft auch immer damit umgegangen wird, habe ich nun ganz deutlich erfahren. Ich muss innerlich über mich selbst lachen. Ich fühle mich wie ein kleines, unreifes Mädchen, das ahnungslos verbotene Dinge tut und nicht erlaubte Schritte macht, dabei sofort erwischt wird und anschließend von einem Lehrer zurechtgewiesen und vom anderen belehrt wird. Erstaunt und etwas verwirrt, höre ich beiden zu und verstehe.

Im Mai 2013 geht die Ausbildung mit dem ersten Seminar los. Diese Entscheidung habe ich nie bereut, ganz im Gegenteil. Schon damals muss mir in irgendeiner Form klar gewesen sein, dass in dieser Ausbildung ein enormes Wachstums- und Entwicklungspotenzial für mich steckt. Ein wahres Geschenk, das ich in großer Dankbarkeit und Demut annehme.

3

DUNKLE NACHT DER SEELE

In dieser Zeit bin ich in einer spirituellen Krise geraten. Ich kann nicht mehr in die Bibliothek gehen und auch nicht in den Heiltempel von Adamis, wo ich sonst wöchentlich zur Heilung hinreise. Nun lande ich in dunkle Schluchten. Hänge vor der Bibliothek in vollkommener Finsternis und kann nicht hineingelangen. Oder komme scheinbar hinein, aber es passieren ungute Dinge. Dies scheint nicht der richtige Ort zu sein. Ich finde scheinbar einen neuen Lehrer direkt auf Erden. Als ich wieder hingehe, kommen mir abscheuliche Figuren drohend entgegengerannt und ich sehe meinen sogenannten »neuen Lehrer« hämisch grinsend im Hintergrund stehen. So »reise« ich nicht mehr hin.

Alles scheint düster. Das Wetter ist dunkel, meine Stimmung getrübt und melancholisch. Auch mein Schlafzimmer hat keine Lichter mehr und schon gar keine bunten. Verzweifelt schaue ich meine Kristalle an und bin unendlich beruhigt, dass sie leuchten. Zumindest sie sind mit ihrem inneren Licht da. Mir ist in dieser Zeit bewusst, dass es wichtig ist, der Dunkelheit zu begegnen und sich mit ihr auseinanderzusetzen. Auch sie ist Teil des Lichtes. Helles Licht, dunkles Licht. Wir müssen das dunkle Licht achten und respektieren.

In dieser Zeit wird die Dunkelheit vertraut. Ohne Dunkelheit keine Helligkeit. Das helle Licht kann nur durch oder mit dem dunklen Licht existieren. Wie sollten wir das helle Licht erkennen, wenn es keine Dunkelheit gäbe? Wie könnten wir uns entscheiden, welchem Licht wir dienen wollen. Obwohl ich das dunkle Licht respektiere, arbeite ich voller Überzeugung für das helle Licht. Ich bin eine Lichtarbeiterin und halte das Licht hoch. Ich bin ein Strahlenkind. Ich bin ein Kind Gottes. Das alles kann ich jetzt annehmen.

Diese Krise hält noch an, als ich im Mai 2013 zum ersten Seminar in die Schweiz fahre. Sie ist aber bereits viel heller und nicht mehr ganz so trüb. Ich habe erkannt, dass die Dunkelheit mit meinen eigenen Schattenseiten zu tun hat. Schatten – Themen, die noch nicht gelöst sind. Ich arbeite an einer weiteren tiefen Transformation und es trägt Früchte. Als Kanal – sei es zum Channeln oder zum Heilen – möge ich so rein wie möglich sein. Da ist noch Arbeit zu leisten.

Endlich ist es soweit. Ich traue mich, zur Bibliothek zu gehen, in der Bereitschaft, Kontakt mit den Kristallen aufzunehmen. Es ist das Ende eines Tages im Februar 2013 und es ist Mitternacht. Ich sitze auf dem Sofa, minimiere mich, schwebe hoch und bin sogleich in der Bibliothek:

Sie macht einen sehr leeren Eindruck. Keine Kristalle, kein Buch und auch kein Mann. Mein geistiger Lehrer ist nicht zu sehen. Ich stehe ganz alleine in dieser riesigen Bibliothek. Ich fühle mich auch ganz alleine. Da ich aber fest entschlossen bin, sage ich mit meinem ganzen Sein laut und bestimmt: »Ich, Margaretha, mit der Seele von Ruana, Hüterin der Kristalle, bin heute hier, um Kontakt mit den Kristallen aufzunehmen.« Ich spüre keine Angst mehr, keine Zweifel. Meine Absicht ist klar und innig mit meinem Herzen und meiner Seele verbunden.

Ich stehe still da und sehe plötzlich im Zentrum der Bibliothek einen riesigen Kristall. Sehr klar und leicht schimmernd. Ich gehe mit offenem Herzen auf den Kristall zu. Setze mich auf dem Boden und während ich ihn berühre, schaue ich andächtig tief in ihn hinein. Eine intensive Verbundenheit stellt sich ein.

Nach einiger Zeit nehme ich eine Bewegung im Zentrum des Kristalls war. Ich sehe ein kleines Wesen. Es schimmert sanft, weißlich und transparent. Es sieht etwa so wie eine Elfe mit zarten Gliedern und einem ganz fein geschnittenen Gesichtchen aus. Ich nenne es »eine Sie«. Sie spricht mit mir, aber ich kann sie nicht verstehen. Ich lege mich auf den Bauch und presse mein Ohr ganz dicht an den Kristall. Ich nehme zwar etwas wie einen Laut oder feine Töne wahr, vielleicht auch nur eine Vibration, eine Schwingung, verstehen kann ich aber nichts. Ich gucke wieder in den Kristall hinein. Das Kristallwesen sieht mir tief in die Augen und ich schaue zurück.

Dann nehme ich wahr, wie sich rund um den Kristall farbige Bänder kreuz und quer auf dem Boden der Bibliothek gelegt haben. Sie sind zwar vielfarbig, aber dennoch nicht wirklich bunt. Ihnen fehlt dafür eine echte Farbbrillanz. Ich stehe auf und schon fangen die bunten Bänder an, sich ebenfalls zu erheben. Mein Kronenchakra* öffnet sich weit und die Bänder bahnen sich einen Weg durch mich hindurch. Meine Krone ist, wenn aktiv geöffnet, wie z. B. bei der Heilarbeit, schon ziemlich weit geöffnet, aber jetzt habe ich das Gefühl, mein Kronenchakra* öffne sich noch ein ganzes Stück weiter, sogar weiter als die Ohren.

Ein Moment lang habe ich Angst, mir würde der Schädel platzen. Dann ist alles gut. In mir wird der ganze Kanal nach unten hin geweitet, bis tief in die Erde hinein. Die Bänder bahnen sich ihren Weg durch diesen geweiteten Lichtkanal. Ich beobachte, wie die Bänder durch die verschiedenen Erdstrukturen bis in den Feuerball im Innersten der Erde gelangen. Ein faszinierendes Schauspiel! Während ich einfach da stehe, bin ich völlig in Frieden mit allem was ist und erfüllt von einer tiefen inneren Harmonie, gar »Glückseligkeit«. Worte sind zu wenig!

Ich knie vor dem Kristall nieder und schaue das deutlich weibliche Kristallwesen an. Sie lächelt mir zu, sie strahlt förmlich. Sie strahlt und schimmert nun zart wie Perlmutt in allen Regenbogenfarben. Wunderschön. Sie legt ihre kleinen Hände überkreuz auf ihr Herz, dann fügt sie ihre Handinnenflächen aneinander und hält sie vor ihr Herz, an das dritte Auge und anschließend wieder vor ihr Herz. Sie verbeugt sich lächelnd und ist verschwunden.

Ich kann mich nicht von dem nun ebenfalls in sanften Regenbogenfarben schimmernden Kristall trennen und umrunde ihn, während ich ihn immer wieder berühre. Mir ist so warm ums Herz. Dann wird mir heiß und ich weiß, ich muss gehen. Schon spüre ich eine Hand auf meiner linken Schulter und drehe mich um. Ich sehe meinen Lehrer an, er lächelt, verbeugt sich leicht und verschwindet.

Bevor ich zur Erde zurückgehe, schaue ich mich noch einmal nach dem Kristall um. Er ist verschwunden.

Mit einem Herzen voller Liebe und Harmonie gehe ich zur Erde zurück. In dieser Nacht sitze ich noch lange auf dem Sofa. Ich bin so voller Energie, dass erst nicht an Schlafen zu denken ist. Am nächsten Morgen habe ich Kopfschmerzen. Ich ruhe viel. Es ist, als ob dieses Ruhen auch notwendig ist, um die Erfahrungen in der Bibliothek in mein System zu integrieren.

Kurz darauf gehe ich wieder in die Bibliothek.
Auch diesmal ist sie still und leer. Ich denke an das blaue Buch. Sofort sehe ich etwas Blaues. Es ist nicht groß und auch kein Buch, aber sehr blau – ein kräftiges, leuchtendes Königsblau. Es scheint ein Ring zu sein. Ich kann es nur aus meinem linken Augenwinkel wahrnehmen, schaue ich mehr nach links, gleitet auch das Blaue mehr nach links. Dann sehe ich hinter dem Ring zarte Bewegungen. Es sind helle, federige Teilchen, die vom Fußboden hochsteigen und sich zu einer Art Säule zusammenfinden. Die ganze Säule ist in Bewegung, schwingt und vibriert. Der blaue Ring löst sich darin auf.

Die Säule verdichtet sich und wird zu einem riesigen Kristall. Ich betrachte ihn voller Verwunderung und sehe dann im oberen Bereich des Kristalls einen kleinen leuchtenden Stern von großer Strahlkraft. Der Stern senkt sich in den Kristall herab, bis er auf meiner Höhe ist. Ich kann ihn sehr gut sehen. Er verwandelt sich, wird zu einer wunderschönen großen blauen Blüte. Irgendwie wird mir diese gereicht und ich nehme sie tief berührt an.

»Wie lautet die Botschaft?«, frage ich.

»Verstehe zuerst, dass wir alle eine eigene Seele haben.«

Plötzlich sehe ich, dass sich hinter diesem Kristall viele andere aufgereiht haben. Sie sind nicht ganz so riesig wie die Kristalle, die ich früher gesehen habe, aber dennoch sehr, sehr groß mit einem Durchmesser von etwa zwei bis drei Meter. Sie schimmern alle wunderschön.

Ich spüre meinen Lehrer neben mir und frage ihn, was die Botschaft ist. Seine Antwort: »Dass sie alle beseelt sind.«

»Und was bedeutet das?«, frage ich.

»Dass sie alle eine eigene Seele haben«, ist die lakonische Antwort. Er verneigt sich leicht und geht.

Ich drehe mich zu den Kristallen um. Sie sind verschwunden. Nachdenklich gehe ich zur Erde zurück. Ich merke, dass ich lange gezögert habe, überhaupt Kontakt mit den Kristallen aufzunehmen, wobei ich jetzt mehr wissen möchte, als mir zugestanden wird. Es wird mir alles häppchenweise serviert. Nicht mehr als ich verarbeiten kann. Warum dann doch diese Angst? Erst Jahre später wird klar, wodurch diese entstand und daraufhin durfte Heilung geschehen.

Ich arbeite inzwischen täglich an folgende Themen:

Liebe und Gnade:
Verzeihen und Loslassen. Mir selbst zu verzeihen und anderen zu verzeihen. Gnädig zu sein mit mir selbst und den anderen, ohne zu urteilen, ohne zu vergleichen, ohne Erwartungen zu sein.

Vertrauen:
Mein Vertrauen zu stärken. Der geistigen Welt und mir selbst zu vertrauen. Vertrauen in die anderen. Vertrauen, dass alles einen Sinn hat. Dass jede(r) seinen/ihren Weg geht und gehen darf, auf seine/ihre eigene Art und Weise. Vertrauen in mich selbst, in mein Wesen, in meine Fähigkeiten, sowie darin, dass auch ich einfach sein darf, wie ich bin und keineswegs perfekt sein muss.

Vieles, was in meinem Leben selbstverständlich und normal schien, hat sich völlig verschoben. Ich benötige Zeit. Zeit für mich. Zeit, diese neuen Dinge anzunehmen und zu integrieren. Langsam schwindet die Dunkelheit. Es wird immer heller und heller. Ich freue mich und bin inzwischen voller Zuversicht und voll Vertrauen, dass alles seinen Platz finden wird.

4

Das Channelseminar

Im Mai 2013 komme ich bei prima Wetter in Basel an. Der Zug nach Interlaken wartet schon auf dem Bahnsteig gegenüber. Keine Treppen, keine Eile, einfach nur quer rüber. Besser kann ich es mir nicht wünschen. Zum ersten Mal in meinem Leben sehe ich die Schweizer Berge und das bei klarer Wetterlage und strahlendem Sonnenschein. Ich bin begeistert und weiß kaum, wohin ich zuerst schauen soll. Verrenke mich in alle Richtungen, um ja nichts zu verpassen. Ist das da oben Schnee? Ja, es ist Schnee! Staunend nehme ich wahr, dass die Fahrgäste seelenruhig da sitzen und Zeitung lesen oder mit ihrem Handy oder anderen technischen Geräten herum hantieren. Sie sehen nichts von dieser Pracht. Schade! Für sie ist dies Alltag und wahrscheinlich das Ende eines anstrengenden Arbeitstages. Sie sind an diese Pracht gewöhnt. Niemand scheint mehr ein Auge für die Schönheit und Einzigartigkeit dieser Naturerscheinungen zu haben. Dann sehe ich nichts mehr. Ein Tunnel. Immer wieder Tunnel und dazwischen diese einmaligen Aussichten. Auch Wasser, Seen. Der Zug fährt ganz nah am Ufer entlang. Ich bin begeistert.
Am nächsten Morgen hängen die Bergspitzen im Nebel und alles ist trüb. Bin ich froh, dass ich gestern so genossen habe!

Ganz in der Nähe vom Yogazentrum in Interlaken, wo das Seminar stattfindet, habe ich ein B&B über das Netz gebucht. Diese Stadt scheint sehr beliebt zu sein. Etwas Passendes und vor allem auch Bezahlbares in der Nähe zu finden, war schwer. Mit Frühstück etc. versorge ich mich selbst. Die Schweiz ist ein teures Pflaster! Die Bleibe ist prima in Ordnung. Die Vermieterin nett, sehr bodenständig und offen. Ich bin angenehm überrascht!

Sie fragt, ob ich Urlaub mache. Ich sage, dass ich in der Nähe Seminare besuche. Sie ist neugierig. »Was für Seminare machen Sie denn?«

Was soll ich sagen? Ich spüre nach ... Manchmal sage ich in solchen Fällen, dass ich Fortbildung in Kommunikationstraining machen würde, was auch irgendwie stimmt. Die Leute sind mit dieser Antwort zufrieden und fragen meist nicht weiter nach. Vorsichtig tastend sage ich, dass ich im Yogacenter Seminare besuche.

»Ah ja, im Yogazentrum«, nickt sie verstehend.

»Die Seminare, die ich dort besuche, befassen sich mit Energie- und Heilarbeit«, höre ich mich sagen. Sie schaut mich auf einer Weise an, die ich nicht ganz einschätzen kann. Sie holt jedoch tief Luft und redet und redet und erzählt. Es stellt sich heraus, dass ihr diese Themen nicht fremd sind. Zufall?

Am nächsten Tag lerne ich die Seminarleitung, Katharina Alper* und Stéphanie Allenbach*, kennen. Unsere Gruppe ist nicht sehr groß, was ich recht angenehm finde. Die Leute sind sehr nett, unsere bisherigen Erfahrungen sehr ähnlich. In einer Gruppe so angenommen zu werden, wie ich bin, habe ich nie zuvor in dieser Weise erlebt. Ich fühle mich sehr geborgen und getragen. Wenn es nicht so pathetisch klingen würde, würde ich sagen: »Es war so, wie nach Hause zu kommen; endlich nach Hause zu kommen.«

»Ja, so ist es, ich bin zu Hause angekommen. Zu Hause in einer Familie, von der ich nicht wusste, dass sie existiert und die doch auch meine Familie ist: die »Adamis-Familie«. Eine beeindruckende Erfahrung. Ich fühle mich längst nicht mehr so allein auf dieser Welt. Fast alle Personen dieser Gruppe kommen auch zu den anderen beiden Terminen zusammen.

Im Laufe der Seminare sagt Stéfanie uns irgendwann, statt mühsam lernen zu wollen, ginge es vielmehr darum, sich zu erinnern. Alles sei in uns – so wie wir da waren – bereits vorhanden. Es müsse nur erinnert, geweckt, aktiviert und integriert werden. Diese Aussage beeindruckt mich sehr und ich spüre die tiefe Wahrheit darin.

Strength

Das Seminar ist großartig und wir lernen viel. Eine große Reinigung und Heilung findet statt. Wir lernen in den drei Seminaren viele neue Energien kennen und sie anzuwenden.

Ein spezieller Meister, der im ersten Seminar vorgestellt wird, berührt mich zutiefst bis zu Tränen. Stéphanie bringt uns u. a. in Kontakt mit den Energien von Strength. Sie macht ein Channelling seiner Energie: »Es gibt einen magnetischen* Meister, der sich nun heute vorstellen möchte. Eine Seele, die viele Inkarnationen in Atlantis in hohen Positionen durchlebt hat. Mit Namen ›Strength‹« Wir sollen ihm selbst eine Frage stellen und dann die Antwort channeln. Ich frage, ob ich wegen der Aktivierung des Kristallwissens aus meinem Leben als Ruana weiterhin in die Bibliothek hochgehen solle.

Die Antwort: »Ja mache da weiter. Mache es in deiner eigenen Geschwindigkeit. Zeit spielt keine Rolle. Habe Vertrauen. Verliere deine Angst. Dir kann nichts geschehen. Wir begleiten dich. Du wirst nichts erfahren, was du zu dem gewissen Zeitpunkt nicht verkraften kannst. So sei es.«

Ich bin ziemlich schnell fertig mit diesem Text. Die anderen arbeiten noch. Ich kreuze meine Arme vor der Brust und bin ganz bei mir. Ich spüre die Energien von Strength, völlig unerwartet, auf intensivste Art und Weise. So intensiv, dass es mir fast den Atem nimmt. Es fühlt sich so unglaublich kraftvoll, schön, nah und vertraut an. Tränen steigen hoch. Ich fühle mich unfassbar tief berührt. Diese Energie ist so stark erfahrbar, wie ich es nie zuvor mit positiven Kräften erlebt habe. Als alle fertig sind, erzähle ich von dieser intensiven Erfahrung. Stéphanie antwortet, dass sie es zwar nicht laut gesagt hat, Strength aber erwähnt habe, dass er mit einigen von uns während seiner Zeit in Atlantis zusammen war. Wir haben uns also gekannt?! Mich wundert nichts mehr. Mich erstaunt vieles.

Auf der Zugfahrt zurück nach Kiel spüre ich immer wieder seine Energie. Einhüllend, warm, berührend, stark, männlich und zugleich unglaublich liebevoll, nah und vertraut. Zu Hause auf der Terrasse ist er auch da. In den nächsten Tagen und Wochen gewöhne ich mich langsam an die Stärke seiner Energie und an seine so tief berührende Nähe.

Ende Juli 2013. Erneute Reise in die Bibliothek.
Die Bibliothek sieht wie immer aus und mein Lehrer erscheint. Ich teile ihm mit, dass ich heute mit einer speziellen Frage komme: »Was hat das Kristallwissen von Ruana mit meinem heutigen Leben zu tun? Was ist meine diesbezügliche Aufgabe in meinem Leben?«

»Es ist deine Aufgabe, erst einmal all das zu lernen, zu begreifen und zu wissen, was Ruana weiß. Dieses Wissen möge in dein jetziges Leben integriert werden. Wir werden dir zu gegebener Zeit mehr Informationen geben«, antwortet er.

»Du hast gerade eine schwere aber ungeheuer wichtige Zeit der Erfahrungen mit den dunklen Seiten gemacht. Du hast dich damit intensiv auseinandergesetzt und letztendlich verstanden, dass es zugleich deine eigenen dunklen Seiten sind, die dir begegnen. Es ist deine Aufgabe, so rein wie möglich zu werden. All deine Schatten kennenzulernen und ins Licht zu führen, sodass dich die Schatten nicht mehr beherrschen können. Deine Aufgabe ist es, weiterhin noch mehr Liebe zu dir selbst zu entwickeln, dich wahrhaft wertzuschätzen und dir selbst zu vertrauen. Das bedeutet auch und vor allem, dich nicht von anderen verunsichern zu lassen. Jede(r) hat – je nach Bewusstseinsentwicklung – seine/ihre eigene Wahrheitsstufe erreicht und lebt danach. Das ist so in Ordnung. Nicht in Ordnung ist es aber, wenn du dich immer wieder verunsichern lässt, weil du Ängste hast, dass andere dich nicht verstehen (werden). Müssen sie das? Ist es nicht vielmehr weitaus wichtiger, dass du sie verstehst? Du verstehst in den meisten Fällen genau, was bei den anderen los ist. Begegne ihnen dort. Zeig ihm/ihr dein Verständnis, dein Mitgefühl, deine Zuwendung, deine Liebe. Vertraue, verstehe und liebe du dich selbst. Du bist nicht vom Verständnis oder Einverständnis der anderen abhängig.

Du bist die Heilerin – zeige und lebe dies endlich auch. Verstecke dich nicht länger. Arbeite weiter an der Reinheit und Klarheit deines Kanals. Lass die Liebe über dein Ego siegen, damit sie groß und dein Ego klein sein kann. Nutze deine Emotionen als Gradmesser, um zu merken und zu wissen, wenn dich etwas berührt, ohne dich von ihnen beherrschen zu lassen. Lasse die Liebe dich – möglichst bedingungslos – leiten. Sei urteilsfrei. Nimm die Menschen an, wie sie sind. Liebe sie, so wie sie sind.

Arbeite jeden Tag. Arbcitc noch strukturierter und intensiver, als du es jetzt tust. Hole durch dein Kronenchakra Kraft aus dem Universum , wie du es bereits regelmäßig machst. Mache es täglich! Lege dich zweimal pro Woche in das große Muster aus zwölf Kristallen. Und ja, du kannst mich ›Edward‹ nennen. Ich freue mich, dass du heute gekommen bist und damit dir selbst gezeigt hast, dass alles wieder funktioniert und du vertrauen darfst.« Er verbeugt sich, dreht sich um und geht.

Ich schwebe runter und bin wieder zurück in meinem normalen Körper. Ich bin platt, so viele Worte hat Edward noch nie mit mir gesprochen. Hier war die Schweiz – oder lieber Stéphanie mit den Lehren von Frank Alper* – eine enorme Entwicklungshilfe für mich. Solch eine klare Frage habe ich meinem geistigen Lehrer/Begleiter zuvor auch nicht gestellt. Und die Antwort muss ich noch mal nachlesen. Wow, ich bin glücklich ...! Es funktioniert!

5

Ruana

Während und nach den Seminaren in der Schweiz gehe ich kaum noch in die Bibliothek. Ich channele viel, erfahre viel, lerne viel, verstehe viel und integriere all das, was ich erfahren und verstehen darf, in mein Wesen. Es ist eine ungemein lehrreiche Zeit. Allerdings auch keine einfache Zeit, die ich dennoch als extrem beglückend erlebe. Schließlich gehe ich wieder in die Bibliothek und bitte wie immer um Begleitung durch Laurita. Bitte aber diesmal auch Strength, mich zu begleiten.

Edward, mein geistiger Lehrer, ist sofort da und ich stelle ihm meine Frage: »Ich bitte um nähere Informationen, wie jetzt weiter zu lernen ist. Wie das Wissen von Ruana zu integrieren und ins Bewusstsein zu bringen ist, damit die Fähigkeiten im Jetzt von mir gebraucht und/oder weitergegeben werden können.«

Edward antwortet: »Ja, die Frage ist berechtigt. Wir sind uns selber noch nicht so ganz schlüssig, wie das geschehen kann und zwar zackig. Du bist schließlich keine achtzehn mehr. Eine Möglichkeit wäre, dass du so zweimal pro Woche hier hochkommst und Unterricht empfängst. Schriftlich so wie jetzt und ebenfalls bildlich. Du kannst auch sehr gut Bilder empfangen. Eine andere Möglichkeit wäre, dass wir es dir nachts in dein Bewusstsein einpflanzen. Quasi das Wissen mit einem Kristall in deine Schwingungen einprogrammieren. Dann bräuchtest du es nur noch mit unserer Hilfe zu aktivieren und zack! – ist es bewusst. Wir würden gerne, mit deinem Einverständnis, beide Möglichkeiten kombinieren. Also sowohl das eine als auch das andere parallel durchführen. Du wirst die Programmierung des Nachts nicht sehr merken. Wir sind sehr sanft. Im Grunde ist alles da, aber eben nicht aktiv.

Lasse dich überraschen. Es wird großartig und wir freuen uns riesig über deine Bereitschaft.

So fangen wir jetzt an. Öffne deinen Kanal so weit wie möglich und aktiviere den magnetischen Kreislauf. Ja, prima, bis fast über die Ohren! Ich zeige dir gleich einen Hüterkristall. Groß, aber nicht riesig. Du wirst ihn bald finden.«

Ich frage nach Angaben zum Fundort.

»Er wird dir gezeigt werden. Hier kannst du ihn bereits sehen.«

»Ich sehe ihn, leicht rosa eingefärbt.«

»Lege deine Hände darauf und fühle und rede mit der Seele des Hüterkristalls.«

Ich nehme Kontakt auf, schaue tief in den Kristall und sehe diesmal eine deutlich männliche Präsenz. Sie sieht wie Peter Pan aus. Er tritt aus dem Kristall und bedeutet mir, dass ich mich so klein minimieren möge, wie er ist, was mit Edwards Hilfe leicht gelingt. Peter Pan nimmt meine Hand und führt mich in den Kristall hinein. Es ist wunderschön. Ich sehe die Gitterverbindungen spiralförmig verwoben im Kristallinneren. Der Kristall strahlt einen innigen Frieden und eine große Ruhe aus, ist zugleich aber sehr kraftvoll.

Von dort aus reisen wir zu einem Feld. Es ist düster und es sitzen und hängen einige traurige, erschöpfte Gestalten mit aschfah ler Gesichtsfarbe herum. Ich frage, was hier los ist.

Peter Pan antwortet: »Dies sind die Kristallseelen einiger Hüterkristalle, die weggenommen wurden. Meist gar nicht in böser Absicht. Aber halt leider ohne Rücksichtnahme auf und ohne richtige Kommunikation mit der jeweiligen Hüterkristallseele. So konnten sie nicht mitreisen, weil sie durch das plötzliche Aus-der-Erde-reißen und Angehoben-werden, traumatisiert wurden und quasi einen sofortigen Burnout erlebten. So sind sie hier und warten auf Hilfe. Deine Hilfe. Du bist Ruana. Wir kennen dich aus alten Zeiten. Wir spüren und sehen deine Seele. Wir können deinen physischen Körper nur schemenhaft wahrnehmen. Aber deine ewige Seele sehen wir.«

Ich bin gerührt; die Hüterseelen freuen sich so, mich zu sehen. Wir besprechen gemeinsam, was wir jetzt schon einmal tun können. Alle werde ich heute nicht heimführen können. Dazu bin ich zu erschöpft.

Dann meldet sich eine Kristallhüterfrau: Es sei höchste Zeit für sie und ihren Kristall, dass eine schnelle Vereinigung stattfindet. Sie sagt, dass sie die Richtung zum Kristall energetisch steuern kann, ich sie aber tragen möge. Ich bitte meinen Lehrer um eine Art Körbchen, dass ich umbinden kann. Die Kristallseele begibt sich vertrauensvoll hinein. Das Körbchen liegt direkt an meinem Herzzentrum und wir sind innig verbunden.

Ich rufe Laurita. Sie nimmt mich an die Hand. Peter Pan nimmt meine andere Hand. So reisen wir gemeinsam, gesteuert durch eine starke, zauberhafte Gedankenkraft. Wir landen bei Hüterkristallen, die irgendwo in Deutschland in einem Kreis zu stehen scheinen. Ein sehr zentraler Hüterkristall dieses Ortes war offensichtlich die ganze Zeit seiner Seele beraubt. Sie tritt nun ein und lächelt dabei freudig. Dann steckt sie ihr Köpfchen noch einmal heraus. Ihre Gesichtsfarbe ist nun rosig, ihre Züge sanft. Sie legt ihre kleinen Hände gefaltet an das dritte Auge und verbeugt sich leicht. Ich verbeuge mich ebenfalls. Dann verschwindet sie völlig in ihrem Kristall, welcher jetzt von innen heraus zu leuchten scheint. So schön! Ich bin so dankbar!

Wir drei reisen zurück zur Bibliothek. Peter Pan und ich stehen vor seinem Hüterkristall. Er bedankt sich und wir verabreden ein Treffen in einigen Tagen an diesem Ort. Ich verspreche zu kommen, sobald ich die Kraft habe, alle Seelen aus dem dunklen Feld heraus zu ihren jeweiligen Hüterkristallen zu führen.

Edward und Strength erklären: »Die Hüterkristalle haben in der heutigen Zeit eine sehr wichtige Aufgabe. Sie tauchen vermehrt wieder auf, dort, wo sie vorher überhaupt nicht sichtbar waren. Sie tragen große Geheimnisse, Nachrichten und Wissen für die heutige Übergangszeit. Auch Wissen zur Unterstützung der jungen Übergangsgeneration, worunter viele Lichtarbeiter und Strahlenkinder und auch andere Helferwesen aus verschiedenen Galaxien und Universen sind und sein werden. Das dunkle Feld wird am Ende wieder strahlen! Die Balance wiederhergestellt sein!«

Edward lächelt mir zu, verbeugt sich leicht und geht. Strength spüre ich noch warm und vertraut um mich. Ich rufe Laurita und wir schweben zur Erde zurück.

Zu dieser späten Nachtstunde bin ich sehr begeistert vom Geschehen. In Erinnerung habe ich allerdings nur noch das mit den Hüterkristallen Erlebte. Der Rest ist nur geschrieben, aber nicht angekommen. Schon verrückt oder? Das habe ich völlig ausgeblendet.

Am nächsten Morgen habe ich eine mir inzwischen sehr vertraute Klientin. An diesem Tag kann ich meine Macht vollständig annehmen und es ergibt sich eine wunderbare Heilsitzung. Ich bin danach voller Frieden und Harmonie, und das hält an.

Am Tag danach geht es mir nicht sehr gut. Auch nicht wirklich schlecht. Ich fühle mich, als ob ich krank werden würde. Als ich dann das Channeling mit Peter Pan durchlese, prallen mit einem Knall zwei Welten aufeinander. Wer bin ich bloß? Immer wieder lese ich den Text, den ich nachts offenbar geschrieben habe. Erst langsam, ganz langsam wird mir klar, warum es mir schlecht geht. Habe ich doch die Bewusstwerdung meiner Fähigkeiten als Ruana zugestimmt. Das bedeutet, wie ich weiß, Arbeit an meinem System. Es wird wieder an mir gearbeitet und das fühlt sich immer wie eine Art Grippe an. Ich kenne das bereits. Ich frage oben nach. Und ja, es stimmt – die Arbeit habe noch gleich nachts angefangen. Ich solle viel ruhen, nur wenig essen und viel schlafen, dann ist es in einigen Tagen geschafft. Mit einer etwaigen Aktivierung würden sie jeweils warten, bis ich wieder vollständig in Balance bin.

Es dauert noch einige Tage, bis ich wieder in die Bibliothek gehe, um Peter Pan zu treffen. Peter Pan erwartet mich schon, begrüßt mich kurz, aber herzlich und fragt: »Bist du bereit?«

»Ja!«

Er führt mich sofort in seinen Kristall hinein und von dort weiter zum düsteren Feld. Laurita und Strength sind an meiner Seite. Wie sie sich alle freuen, diese Kristallseelen. Sie drängen sich eng an mich. Ich berühre jede einzelne Kristallseele ganz sachte, während ich zugleich wahrnehme, dass sich eine Hüterkristallseele abseits hält. Sie wirkt sehr verstört. Behutsam gehe ich langsam auf sie zu, hinein spürend, was sie braucht. Ich setze mich still zu ihr und schaue sie sanft an. Sie schaut zurück, schüchtern und dennoch sehr weise und irgendwie äußerst aufgebracht.

»Was ist mir dir?«, frage ich. »Was kann ich für dich tun?«

»Du, du kannst nichts, aber auch gar nichts mehr für mich tun. Es ist alles zu spät. Ich bin völlig heimatlos und verloren.«

Besorgt frage ich, was geschehen ist.

»Mein Kristall wurde wegtransportiert und ich konnte nicht mitgehen. Ich war völlig durcheinander und verstand nicht, was los war. Und nun ist es zu spät. Ich habe den Kontakt zu meinem Kristall vollständig verloren. Kann ihn nicht mehr spüren. Ich bin so traurig und fühle mich so verloren. Konntest du denn nicht früher kommen? Du bist so spät, Ruana. Wir haben so sehr auf dich gehofft und gewartet. Nun ist es zu spät. Für mich jedenfalls.«

Sie hockt wie ein Häufchen Elend ohne jegliche Hoffnung da. Was können wir tun? Ich bitte Laurita, zu uns zu kommen, und frage sie nach Vorschlägen.

Laurita schaut mir tief in die Augen und sagt: »Du, Ruana, du bist die Hüterin, spüre hinein. Was könnte helfen?«

Ich werde ganz ruhig und spüre tief in mir nach. Da weiß ich es plötzlich: Erdverbindung – Herz(Seelen)verbindung – Himmelsverbindung (Gottverbindung). »Lasst uns drei an den Händen fassen und uns tief verbinden, während die Kristallseele in unserer Mitte sitzt.«

So verbinden wir – Peter Pan, Laurita und ich – uns mit Mutter Erde und bitten sie um Unterstützung. Wir gehen eine innige Verbindung mit unserer Herzensliebe und unserer Seele ein. Verbinden uns zugleich mit dem göttlichen, universalen Licht und bitten um Unterstützung, damit wir die Kristallverbindung bewirken können. Wir bleiben zu dritt in dieser Konstellation, während sich die anderen Kristallseelen um uns scharen und ihre ganze Kraft einsetzen, um den Prozess mitzutragen. Ich fühle, dass Strength seine Energie ebenfalls um und über unseren Kreis legt.

Plötzlich erscheint eine ätherische* Kristallform in unseren Kreis, leuchtend klar.

Das traurige verzweifelte Kristallwesen in unserer Mitte lächelt und ruft aus: »Da ist er, da ist er! Ich spüre den Kontakt nun wieder, ich weiß, wo er ist. Ich bin so dankbar. Lasst uns gleich losgehen!«

Das machen wir; wir reisen wie vor einigen Tagen. Wir kommen zu einer Lichtung in einem Wald. Da ist der Kristall. Kaum sichtbar. Das Kristallwesen jubelt. Es klingt engelhaft rein wie eine feine Melodie, die mich tief in meinem Herzen berührt. Wir umarmen uns und es geht seinen Weg in den Kristall. Bevor es vollends aus unserem Blickfeld verschwindet, schaut es noch einmal heraus. Sein Gesichtchen rosig und aufgeblüht, kichert es wie ein Kind.

»Oh, ich freue mich so riesig. Ich danke dir und euch aus dem tiefsten meiner Hüterkristallseele!« Es schaut uns noch einen Moment lang still an, verneigt sich kurz und verschwindet. Auch dieser Kristall leuchtet nun wunderbar sanft von innen heraus.

Wir drei gehen zum Feld zurück. Die anderen Seelen haben alle den Kontakt zu ihren Kristallen aufrecht halten können. Wir begleiten eine Seele nach der anderen zu ihrem jeweiligen Kristall, was ohne Zwischenfälle gelingt. Eine Seele hat ihren Kristall in einem Gebiet mit vielen Seen und Flüssen. Offenbar ein sehr unberührtes Naturgebiet. Die Nächste findet in Meeresnähe zu ihrem Kristall. Ich habe das Gefühl, es sei gar hier in Schleswig-Holstein. Die Dritte findet sich in einem Gebäude wieder und ist über diese Gegebenheit etwas traurig. Sie wäre gerne in der Natur, ist aber dennoch sehr glücklich, wieder mit ihrem Kristall vereint zu sein. Eine Kristallseele geht einen weiten Weg; es fühlt sich wie Australien an. Dann kommt der Name Ottawa. In der Nähe von Ottawa findet sie ihren Hüterkristall. Eine Nächste findet sich in einem Laubwald (Wäldchen?) bei anderen Kristallen in einem Kreis wieder. Der sechste Kristall ist in der Nähe vom Bodensee verborgen. Die letzte Hüterkristallseele findet ihren Kristall irgendwo in der Berliner Gegend. Alle diese Seelen sind nun wieder mit ihren Kristallen vereint und haben damit zugleich auch das ihnen eigene Licht wiedergefunden.

Wir sind nun zurück auf dem düsteren Feld, welches gar nicht mehr düster ist. Ein wundersames Schimmern breitet sich hier aus. Peter Pan steht im Zentrum des Feldes und streckt jubelnd seine beiden Arme gen Himmel. Er ruft etwas, das ich nicht verstehen kann. Sofort erscheinen kleine Wesen, Gnome und Kobolde, elfenhafte Wesen, Devas und viele sonderbare, mir unbekannte Elementarwesen mehr. Alle gemeinsam tanzen sie ausgelassen auf dem Platz und freuen sich. Nach einer Weile ist plötzlich Ruhe, tiefe Stille. Alle sind weg. Der Platz, das dunkle Feld, strahlt leuchtend und sehr kraftvoll.
»Das Feld ist geheilt«, fühle ich. Wir drei stehen still da. Die Anwesenheit von Strength ist für mich wieder zutiefst fühlbar.

Wir treten unsere Rückreise an und am nächsten Morgen schlafe ich erst einmal richtig aus. Der Mond steht kurz vor voll am Himmel. Das Juli-Wetter ist immer noch wie Herbstwetter. Ich hoffe auf einen positiven Vollmond-Wetterwechsel! Und hoffe, dass sich die Nacktschnecken zurückziehen und nicht weiter meinen Pflanzen zu Leibe rücken. Es ist nicht leicht, Gottes vielfältige Schöpfung immer und auf allen Ebenen wirklich bedingungslos zu lieben ...!

Handgelenkbruch und neue Kraft

Im heißen Sommer 2018 breche ich mir bei einem Sturz mein linkes Handgelenk, so reise ich erst im Spätsommer wieder in die Bibliothek.

Edward begrüßt mich freundlich. »So, wieder da?«

»Ja, ich bitte um Kontakt mit meinem Seelenanteil Ruana, was auch ich irgendwie bin. Hüterin der Kristalle, Göttin des siebten Himmels. Ich möchte mehr über diese Lebenszeit erfahren, was mir im jetzigen Leben dienlich ist, sei es für mich, oder – wie es scheint – für die jetzige Zeit dieser Welt.«

»Das sind große Worte«, meint Edward.

»So wurde es mir anfänglich – als ich noch nicht mal wusste, dass ich channele – mitgeteilt und später dann, dass es für die jetzige Erdenzeit wichtig wäre, ›wieder ans Licht‹ gebracht zu werden. Ich gehe jedoch ganz zaghaft heran. Zögere sehr und fühle mich maßlos überfordert«, antworte ich.

»Dennoch kommst du in dieser Angelegenheit?«

»Ja, ich wurde immer wieder gebeten, doch ja das alte atlantische Wissen über Kristalle und Heilung mir eigen zu machen. Das Wissen von Ruana in die Welt zu bringen. Sie trauen es mir zu, so verstehe ich es. Sie trauen es mir zu und deshalb fragen sie mich. Würden sie nicht der Auffassung sein, dass ich dem gewachsen bin, würden sie mich auch nicht fragen, so sagen sie mir.«

»Wer?«, fragt Edward.

»Adamis, Strength und Erdenadamis hauptsächlich, aber auch Melchezedek* und Awah* – alle, mit denen ich arbeite, quasi. Du weißt.«

»Ja, ich weiß. Das ist aber nicht wichtig. Wichtig ist, dass du weißt und dass du bereit bist.«

»Ich bin heute bereit anzufangen. Das ist alles, was ich heute sagen kann. Es haben bereits viele Versuche an anderen Orten stattgefunden und ich lernte und erfuhr viel. Auch hier arbeitete ich bereits mit Ruana mit Kristallen. Ich schaffte es nicht. Es war mir zu hoch, zu unfassbar ...! Es überforderte mich und verwirrte mich. Von dir habe ich anfänglich das blaue Buch mit goldener Inschrift erhalten und las darin schließlich einige Worte, wie anfangs erwähnt. Kann ich darin ›weiterlesen‹ und alles aufschreiben? Das wäre einfach perfekt!«

»Dieses Buch zeigte dir einen Seelenaspekt, der wichtig für deine jetzige Existenz ist, und gab dir eine Botschaft über diesen Seelenaspekt. Wenn du weiterkommen willst, solltest du dich voll Vertrauen mit genau diesem Seelenaspekt, d.h. mit diesem Leben, dieser Inkarnation* deiner Seele verbinden. Nicht mehr und nicht weniger.«

»Und wie mache ich das?«

»Wie nimmst du Kontakt mit mir auf oder mit Adamis, Strength etc.? Genau so nimmst du Kontakt mit Ruana auf und sprichst mit ihr, wie mit mir oder den anderen Geistwesen. Denn auch Ruana ist jetzt quasi Geist und als Erfahrung und Wissen in dir. Wenn du dich mit ihr verbindest, wirst du quasi sie und kannst alles direkt von ihr übernehmen.«

»Das ist echt krass! Unglaublich.«

»Glaube es, dann funktioniert es. Schreibe, was du erfährst, so wie du es jetzt tust. Oder schaue, erlebe und schreibe dann. So, wie du es anfänglich gemacht hast. Du hast mit der Naivität eines Kindes und voller Staunen, voll Vertrauen gechannelt. Aber – und das ist sehr wichtig – ohne Anstrengung. Du schautest, lauschtest, nahmst wahr – klar, liebevoll, kindlich einfach und entwaffnend berührend. Sei das Kind. Das göttliche Kind, das du bist und channel aus dieser Warte heraus voller Freude und Neugierde mit bezaubernder Leichtigkeit. So wird es gelingen! Ich schlage vor, jetzt gleich eine kurze Kontaktaufnahme zu machen.«

So nehme ich Kontakt mit Ruana auf und mit der Hilfe von Laurita gelingt es sofort. Wir haben ein sehr berührendes Gespräch. Sie kennt mich so gut. Echt erstaunlich. Wir fangen demnächst an zu schreiben ...! Es liegt nur bei mir. Ich habe Vertrauen gefasst. Ich freue mich und fühle mich bereit, ins ungewisse Wissen voranzuschreiten, das in mir vorhanden zu sein scheint.

Ich danke Edward für seine Geduld, Liebe und Zuversicht während der ganzen Zeit meines Haderns. Edward meint dazu, dass er halt mein Lehrer und Begleiter in dieser Angelegenheit sei, ich selber aber das Tempo und der Zeitpunkt bestimme. Nur ich.

Wieder zu Hause überdenke ich das, was mir gesagt wurde. Es liegt also alles bei mir. Mache ich nichts in dieser Hinsicht, so passiert auch nichts. Also kann ich machen oder nichts machen. Tolle Sache, superspannend. Und ich kann jederzeit aufhören oder pausieren. Es liegt alles bei mir!

Ich fange voll Vertrauen an. Mir stehen jetzt auch wieder zwei Hände – oder sagen wir anderthalb Hände – zur Verfügung. Das ist so schön. Echt gut, dass wir zwei Arme mit Greifhänden haben. Durch den Handgelenkbruch mit anschließender Operation war

meine Hand völlig kraftlos und benötigte wochenlange Therapien für ihre Revalidation. Auch hier ist die reine Annahme dessen, was ist, von größter Wichtigkeit. Schon mal versucht, mit nur einer Hand eine Flasche Mineralwasser, ein Honigglas oder die Zahnpastatube zu öffnen? Eine Zwiebel zu schneiden oder eine Scheibe Brot abzuschneiden?
Wie gut, dass es Nachbarn gibt, die diese Herausforderungen mit Bravour meistern!

09.09.2018 – Ruana

Ich weiß, dass du dazu bestimmt bist, das Wissen, das mir zugänglich ist, in die jetzige Erdenwelt zu bringen. So lass uns anfangen. Lass uns da anfangen, wo es um Heilung, Wissen, Erkenntnis und Weisheit geht. Das wird in deiner Welt jetzt dringend benötigt. Vertraue einfach. Schreibe, was du hörst. Oder höre erst einfach zu. Ganz wie du willst.

Ich war etwa vierzehn Jahre alt, als ich aus einer Gruppe von dazu vorbereiteten Mädchen ausgewählt wurde, in die Schulung für Heilpriesterin zu gehen. Ich wurde der Hohepriesterin zugeteilt. Ich war nicht die einzige Schülerin, sondern wir waren zu dritt. Eine von uns dreien war zur Nachfolgerin der jetzigen Hohepriesterin bestimmt. Schließlich war ich diejenige, die dann tatsächlich Hohepriesterin wurde. Einzelheiten lassen wir jetzt beiseite. Allerdings ist es mir wichtig auszudrücken, dass in der damaligen Zeit diese Angelegenheit ohne Konkurrenzdenken, ohne Neid oder gar Eifersucht vor sich ging. Erst viel später eskalierte das Ganze. Wir drei waren einander zugetan und bis zum Ende unserer Zeit zutiefst verbunden wie Schwestern, wie Seelenverwandte und unterstützten uns gegenseitig. Die Aufgaben einer Priesterin oder Hohepriesterin sind sehr fordernd. Unterstützung ist extrem wichtig und ist durch diese Dreieinheit ganzheitlich gegeben.

Auf der bereits vorhandenen Grundlage der vorausgegangenen Seelenleben in verschiedenen Dimensionen habe ich mir in diesem Leben ein hohes Wissen, reiche Erkenntnisse und große Weisheit aneignen können. »Unsere« Kraft ist Liebesenergie- und

Magnetkraft*. Eine kraftvolle Kombination, die äußerst heilsam wirken kann, so Gott will. Mein »Kanal« ist rein und klar. Durch meine intensive Vorbereitung im Vorfeld der Auswahl zur Schülerin war alles in mir geklärt. Auch in der Zeit davor, als ich noch Kind war, wurde ich anders vorbereitet, als du es in deinem Leben erfährst. Mein Leben war bedeutend ruhiger und gezielt auf eine Aufgabe in dieser Richtung gerichtet. Ich lernte viel über heilkräftige Kräuter und deren Wirkung, über verschiedene Kristalle in unterschiedlichen Formen, Farben und Größen und deren Wirkungskraft. All dies war bereits eine frühkindliche Vorbereitung auf meine spätere Arbeit. Damals wussten meine Begleiter, was meine Funktion und Aufgabe sein würde. Mir selbst war das anfänglich nicht bekannt. So konnte ich gänzlich unbefangen lernen und verstehen und mich dabei ganz natürlich entfalten.

Ich musste das ganze vorhandene Wissen und die Erkenntnisse etc. nicht mühsam lernen und erarbeiten, wie es in deiner Zeit ist. Ich wurde an gespeichertes Wissen angeschlossen. Dieses Wissen stand jedem, der soweit war, zur Verfügung. Dieses »soweit sein« wurde nicht von meinen Begleitern oder mir selbst bestimmt. Die jeweilige Frequenz/Schwingung meines Seins wurde gemessen und dann an das passende gespeicherte Wissen, das diesen Schwingungsebenen entsprach, angeschlossen. Dieses gespeicherte Wissen floss dann in mich und verknüpfte sich mit bereits vorhandenem Wissen zu neuen höheren Stufen der Erkenntnis und des Wissens.

Es war von immens großer Wichtigkeit, dass die jeweilige Frequenz/Schwingung der Person und das gespeicherte Wissen im Einklang, stimmig und äquivalent waren, damit der Körper die Informationen ohne Störungen aufnehmen und verarbeiten konnte. In höchst seltenen Fällen kam es zu Störungen, die sehr bedrohlich waren, da sie eine Art von Kurzschluss im Organismus verursachten. Dies galt es unbedingt zu vermeiden. Größte Sorgfalt bei der Übertragung und Aktivierung der Schwingungsfrequenzen war von höchster Wichtigkeit. Das gesamte Wissen, das in vielen Lebenszeiten gesammelt und gespeichert worden war, wurde so gebündelt weitergegeben.

Das Ergebnis mag dich verblüffen. Schon sehr jung standen uns großes Wissen und weitreichende Erkenntnisse zur Verfügung. Wir mussten nicht, wie du, als kleine Kinder mühsam Lesen und Schreiben lernen, Mathematik, Physik und Biologie etc. studieren. Nein, alles Vorhandene wurde uns nach und nach gegeben. Als Fundament, auf dessen Grundlage wir dann unsere eigenen Erfahrungen und Erkenntnisse aufbauen konnten. Auch auf altes Wissen aus meinen (unseren) vorherigen Inkarnationen konnte ich zurückgreifen.

Verstehst du, was das für dich wahrhaft bedeutet? Ein unfassbar großes Wissen ist hier in mir und steht dir zur Verfügung, wenn du es zulässt. Bitte öffne diese Quelle und lasse diese Fülle sich in dir und dann über die jetzige Erdenwelt ergießen. Große Sache, nicht wahr? In mir ist eine unermessliche Freude darüber, dass wir heute anfangen, dieses Wissen weiterzuleiten. Dies war die Einführung. Gefällt es dir?
Bis bald meine große Schwester.

11.09.2018 – Ruana

In »meinem Buch«, das ich anfänglich in der Bibliothek von Edward ausgehändigt bekam, wurdest du, Ruana, u. a. als »Göttin des siebten Himmels« vorgestellt. Es verwunderte mich damals sehr, ich fing an zu lachen und schon war ich wieder zu Hause auf dem Sofa gelandet. Wir verwenden hier auf Erden gerne den Ausdruck »ich war im siebten Himmel« und drücken damit aus, dass wir unglaublich glücklich sind. Höchst erstaunlich, dann von einer Göttin des siebten Himmels zu hören. Was bedeutet dies? So frage ich dich heute.

Du stellst Fragen ... schwer zu erklären. Höre gut zu. Es gibt verschiedene Dimensionen, in denen wir uns aufhalten können. Je weiter/höher wir uns im Laufe unserer Leben in verschiedenen Welten entwickeln/entfalten, desto höher steigen wir, auch in der Wahrnehmung der Dimensionen. Jedoch nicht nur in der Wahrnehmung deren Existenz. Nein, wir entwickeln auch die Möglichkeit, uns dort aufzuhalten, dort zu sein, zu leben, zu existieren, zu lernen. Wir können dann quasi auf zwei oder mehreren Ebenen zugleich existieren. Uns z. B. auf der Erde in seiner jetzigen Dreidimensionalität aufhalten und zur gleichen Zeit mit unseren höheren Körpern beispielsweise in der vierten und fünften oder gar sechsten Dimension sein.

Noch höhere Dimensionen sind mit anderen geistigen Mitteln durch Projektionen bzw. Projektionsreisen komplizierterer Art zu erreichen. Je höher wir uns entwickeln, desto höher können wir gelangen. So war ich in meiner Zeit auch Göttin der siebten Ebene, der siebten Dimension. Der Ort, wo sich Gott – der Schöpfer und Bewahrer dieses Universums – aufzuhalten scheint, wird und wurde von den Erdenmenschen als oben im Himmel wahrgenommen. So wurde diese Dimension »der siebte Himmel« genannt. Wer sich dort aufzuhalten vermag, erfährt eine wahrhaft große Glückseligkeit. Ich sage absichtlich »aufzuhalten vermag«, denn auch diese Dimension ist für jeden (wirklich jeden!) zugänglich. Allerdings kann nur derjenige sie erreichen und sich dort aufhalten, dessen Energien entsprechend hoch und rein und mit den sehr hohen reinen Schwingungen dieser siebten Dimension im Einklang sind.

Hat nicht deine Lehrerin anfänglich für dich gechannelt und dir gesagt, dass mein Name Ruana in etwa »Glückseligkeit« bedeutet? Jetzt verstehst du, nicht wahr? Glaube und fühle es einfach. Es ist für dich jetzt nicht wichtig. Wisse aber, dass dies alles für dich da ist. Die Glückseligkeit der siebten Dimension ist so unfassbar schön, dass ich dir als jetzige Persönlichkeit so sehr wünsche, dass du sie erfahren darfst. So arbeite bitte konsequent, achtsam und tief. Ich, Ruana, bin für dich da oder lieber hier, hier drin in dir. Ein Atemzug, ein Gedanke und schon bin ich da.

Ruana, du hattest die Zusatzbezeichnung »Göttin«, Göttin des siebten Himmels. Warst du Herrscherin des siebten Himmels oder bedeutete es vielmehr, dass du diese Stufenhöhe beherrschtest, dich in dieser aufhalten und bewegen und alles wahrnehmen konntest?

Diese zweite Annahme stimmt in etwa. Ich konnte dort sein, mich weiterentwickeln und lernen und zugleich auch hier unten in den ersten drei Dimensionen sein und arbeiten. Halt eine Art Multitasking, verstehst du? Diese höheren Dimensionen sind nicht so materiell und nicht so dicht, wie du es hier kennst. Je höher die Dimensionen, desto durchlässiger, lichtvoller und leichter fühlen sie sich an. Ich konnte quer durch Wände gehen und mich mit Gedankenkraft ohne wahren »Zeitverlust« von einem Ort zum anderen bewegen. Zeit spielt in diesen höheren Dimensionen eine ganz andere oder teilweise gar keine Rolle.
Wenn du dich auf deinem Sofa hinsetzt und »reist« (du nennst es Projektionsreisen), um anderen auf welcher Art auch immer zu unterstützen, dann vergeht auf deiner Erdenebene Zeit, weil du eben auf dieser Ebene existierst. So war das ebenfalls für mich. Es gibt dabei allerdings einen Unterschied. Ich reiste höher. Noch höher! Du wirst aufholen. Das fühle ich deutlich!

30.09.2018 – Ruana

Also wir sprachen darüber, wie das Wissen und die Erkenntnisse und zugleich die spirituelle Weisheit in meiner Zeit gelehrt und weitergegeben wurden. Dies geschah mittels Kristallen. Das ganze Wissen war in Kristallen (Bergkristallen) eingegeben und gespeichert worden. Die dazu geeigneten Bergkristalle waren zwar zum Teil natürlich, größtenteils jedoch künstlich gewachsen oder materialisiert worden. Letztere waren von größter Klarheit, was extrem wichtig war, um eventuelle Verzerrungen bei der Speicherung und der Informationsübertragung zu vermeiden. Normalerweise würde man meinen, dass Natürlichkeit oberste Priorität hätte. Bei Kristallen wie dem Bergkristall stimmt dies nur bedingt. Beim Wachstum über Jahrtausende entstehen in den meisten Kristallen viele Trübungen und Einlagerungen von z. B. Wasser und/oder Gesteinsteilchen, welche zur Veränderung und Verzerrung der gespeicherten Informationen führen wurden. Dies kann nicht toleriert werden. Die Dinge müssen mit umfassendster Sorgfalt und in der höchsten Ordnung und Klarheit weitergegeben werden. Das heißt, es ist unbedingt sicherzustellen, dass jede Information in größter Klarheit, Echtheit und Präzision wiedergegeben wird. Dazu werden Kristalle von größtmöglicher Reinheit benötigt. Diese sind dann letztlich in den meisten Fällen entweder künstlich gewachsen oder gar materialisiert worden.

Mittels Kristallen konnte bereits in sehr jungen Jahren ein solides Basiswissen in den heranwachsenden Kindern angelegt werden. So lag in ihnen Wissen bereit, mit dem sie Erfahrungen machen und Erkenntnisse gewinnen konnten, während andere Teile noch nicht direkt verwendet wurden. Zu einem späteren Zeitpunkt würde es, bei passender Reife, durch das jeweilige Kind (evtl. mithilfe von Begleitern) aktiviert und integriert werden. So wurde jegliche Überforderung des Kindes vermieden. Die Schwingungsebene des Kindes bestimmte die jeweilige Aktivierung der vorhandenen Informationen. Alles zu seiner Zeit. Alles geschah zum höchsten Wohle der Einzelnen und zugleich zum höchsten Wohle aller und des Ganzen. Genau so ging es auch für die nächsten Entwicklungsjahre weiter. Alles gemäß den jeweiligen Schwingungsfrequenzen.

So entfaltete sich das Lernen, Erfassen, Wissen, Erforschen und Erkennen sehr rasch. Auf dieser Grundlage vermehrten sich die Erkenntnisse und Entdeckungen neuer Möglichkeiten, welcher Art auch immer, extrem schnell. Rapide Veränderungen waren an der Tagesordnung und dies war nicht für jeden Menschen positiv. Es führte zum einen zur Unsicherheit und zum anderen auch zum Missbrauch des Informations- und Wissensstands einzelner, sehr fortgeschrittener Forscher. Alles schien möglich, machbar und kontrollierbar.

Die spirituelle Entwicklung hielt leider nicht wahrhaft Schritt mit dem schnellen materiellen Fortschritt. Bei vielen Forschungen und deren Ergebnissen standen die spirituelle Entfaltung, die Ethik des Seins sowie die Ganzheitlichkeit und Heiligkeit der Schöpfungsgesetze nicht auf dem Prüfstand. Die Ganzheit wurde immer mehr außer Acht gelassen. Das Ego und die Macht des Einzelnen gewannen vielfach an Kraft und waren oftmals nicht wahrhaft spirituell integriert und gemeistert worden. Die Dinge gerieten außer Kontrolle. Große Schäden wurden angerichtet.

Nach dem Untergang von Atlantis wurde deshalb das gesamte Wissen versiegelt. Einen solchen Missbrauch muss unbedingt auf sämtlichen Ebenen vermieden werden. Hohe Integrität ist zu gewährleisten.

Was geschieht in deiner Zeit auf diesem Planeten Erde? Macht, Gier und Geld scheinen übermächtig zu werden. Erbgutveränderung (Genmanipulation), Atomspaltung – sei es friedlich oder kriegerisch (die vorhandenen Sprengköpfe wären in der Lage, alles Leben auf diesem Planeten mit einem Schlag zu vernichten), Ausbeutung der Ressourcen von Mutter Erde, Ausbeutung der Menschenkraft. Alles sinnvoll? Alles kontrollierbar? Es erinnert sehr stark an das Geschehen in meiner Zeit. Die Ähnlichkeit ist alarmierend; das will ich jetzt aber nicht näher ausführen, denn wir wollen lösungsorientiert arbeiten.

Wir müssen diese Dinge nicht einzeln benennen. Jeder selbst denkende Mensch weiß, dass es so nicht weitergehen darf. Eine Umkehr ist dringend notwendig. Jetzt. Sofort. So schnell und nachhaltig wie möglich. Der Sinn des Lebens ist für viele Menschen verloren gegangen. Eine Umkehr würde vielen eine sinnvolle Aufgabe geben und sie wieder zuversichtlich stimmen können. Überall ist Bewegung und bereits viele Menschen wachen auf und »wissen«, dass es so nicht weitergeht. Einige handeln auch gemäß diesem Wissen und Verstehen.

Mein Wissen aus alter Zeit kann möglicherweise dazu beitragen, dass sich vieles ändern wird. Und da, liebe Margaretha, kommst du ins Spiel. Öffne dich wie ein Kind voll Vertrauen für das, was dir mitgeteilt wird. Das ist meine Aufgabe und das ist deine Aufgabe. Meister höchsten Ranges begleiten dich und sie sind es, die alles überwachen und lenken. Sie haben dich und mich gebeten. So nehme die Führung an! Sie begleiten dich ebenso wie ich voll bedingungsloser Liebe und im höchsten Respekt.

TEIL ZWEI

Spirit ist in Allem

Ich höre die Stimme
Verstehe sie nicht
Ich höre die Frage
Begreife sie nicht.

Ich höre die Stimme fragen
Bist du bereit?
Bin ich bereit?
Ich weiß es nicht.

Ich höre die Stimme sagen
Wir verlangen nichts,
Was du nicht kannst.
Bist du bereit?

Ich höre die Stimme ...
Dann gebe ich nach
Fasse Vertrauen und Mut.

6

Einleitung

Strength 27.08.2019

Vor langer, langer Zeit war es auf dem Planeten Erde so, dass Frauen mehr Macht als Männer hatten. Diese Macht stellte keine Herrschaft der Frauen über die Männer dar, wie es das Patriarchat in umgekehrter Form tut. Das Matriarchat war die tragende Form der Gesellschaft. Die Frauen tragen das Leben und sind zudem gut mit ihren Gefühlen und ihrer Intuition verbunden. So war es lange, lange Zeit ein fruchtvolles, friedvolles Miteinander. Es wurde verhandelt und Konsens angestrebt. Die Ganzheit war ein prägendes Gut. Leben im Einklang mit der Schöpfung selbstredend und selbstverständlich.

Die Männer, sich der Macht ihrer Muskelkraft bewusst, fühlten sich auf Dauer benachteiligt. Sie fingen an, ihre Kraft gegen die Frauen einzusetzen, statt sie weiterhin zum Nutzen der Gesamtheit und für die Ganzheit einzubringen. Mit Muskelkraft und tückischer List erlangten sie allmählich die Oberhand und es entstanden Herrschaftsstrukturen. Nur einzelne Gruppierungen behielten teilweise bis heute die weibliche Führung als Steuerung der Dinge im Einklang mit der Natur, zum höchsten Wohle aller.

Das männliche Denken basiert eher auf Macht im negativen Sinne und wirkt damit schnell zerstörerisch, wie die Erfahrung gezeigt hat. Das weibliche Sein und Denken dagegen basiert auf Erhaltung. Wer das Leben schenkt, wird es nicht leichtfertig für Auseinandersetzungen aufs Spiel setzen. Auch Frauen haben in früheren Zeiten Kriege angezettelt. Die Beweggründe waren allerdings anderer Art. Es ging dabei vielmehr um Erhalt als um Gier (Habgier) oder Macht. Das männliche Denken und Handeln hat sich in hohem Maße zum Schaden des Planeten Erde ausgewirkt. Die Folgen sind sehr deutlich wahrnehmbar. Es wurde ungemein viel zerstört.

Daneben hat die technische Entwicklung auch zu wunderbaren Hilfsmitteln und Instrumenten geführt, die das Leben sehr erleichtert haben. Die Gier und das Machtgehabe von »größer«, »besser« und »mein« fand leider auch in der Technisierung und Entwicklung seinen Niederschlag. Manche heilsame Erfindungen wurden und werden aus Profitgründen (ebenfalls eine Form der negativen Macht) zurückgehalten.

Die Blumenkinder der 60er-Jahre des letzten Jahrhunderts waren Vertreter des weiblichen Denkens und setzten mit BLUMEN und LOVE eine Revolution in Gang, die sogenannte Flower Power Bewegung – eine Friedensbewegung. Sie rüttelten an den Grundfesten der Gesellschaft und haben viel bewegt und verändert. Nun sind sie alt geworden und sehen zu ihrem Entsetzen, was aus diesen neuen Grundsätzen geworden ist. Statt Frauenpower, sozialer Gerechtigkeit, Frieden und ganzheitlicher Entwicklung zeigen sich Hass, Streit, Machtgeschrei und weitreichende Vernichtung der Natur. Wo sind die neuen, modernen Blumenkinder?

O ja, sie sind da. In großer Zahl inzwischen und rütteln ebenfalls auf ihre Art an den Grundmauern der Gesellschaft. Machen deutlich, was falsch läuft. Schenken spirituelle Gedanken, Wahrnehmungen und Wege. Berichten von anderen Existenzen und Dimensionen. Bringen die Tatsache der Reinkarnation ans Licht. Zeigen sich auf YouTube und anderen der zurzeit verfügbaren, nicht mehr zu bremsenden Medien. Sie sind die neuen Blumenkinder der jetzigen Zeit. Sie sind Vorreiter der neuen Zukunft, der Neuen Erde. Sie werden Sternenkinder, Kristallkinder, Indigos, Strahlenkinder* oder schlicht die »Neuen Kinder« genannt.

Diese Kinder sind besonders und benötigen sehr viel Unterstützung und auch Schutz, um ihre Aufgaben und Ziele verwirklichen zu können. Sie sind vielfach in hohem Maße sensitiv, wodurch sie viel mehr Eindrücke und Impulse zu verarbeiten haben als normale Menschen. Sie finden schwer in die Ruhe und Entspannung. Alle Antennen auf Empfang zu haben, ist eine große Herausforderung. Wie herunterschalten? Wie abschalten? Wer begleitet und versteht denn diese Neuen Kinder? Woher kommt das dringend benötigte Verständnis? Die dringend benötigte Begleitung?

Viele der »alten« Blumenkinder, seien es aktive oder eher ruhige Blumenkinder, waren die ersten Pioniere der heutigen Strahlenkinder und teilweise auch selbst bereits Strahlenkinder. Sie waren die Wegbereiter und haben Erfahrungen gesammelt. Viele haben eigene Strahlenkinder geboren und groß gebracht und sind die besten Begleiter und Mentoren für die jetzigen jungen Strahlenkinder. Sie sind vielfach so wunderbar spirituell entwickelt, dass sie eine große Unterstützung für diese Neuen Kinder darstellen und voller Verständnis helfen können, das vorhandene Potenzial vollends zu entfalten.

Strahlenkinder sind, sofern sie nicht durch Erziehung »verdorben« wurden oder werden, klare, fast androgyne Wesen. Männlich, weiblich im großen klaren Einklang. Manchmal leicht autistisch wirkend, etwas weltfremd, hier auf diesem Planeten Erde. Oftmals hoch sensitiv und leider oft völlig verkannt. Sie benötigen wie gesagt viel Unterstützung und Verständnis. Sie dürfen lernen, dass ihre Sensitivität und ihre oft besonderen Wahrnehmungsfähigkeiten große Geschenke oder Gaben darstellen. Jede Gabe stellt allerdings stets ebenfalls eine Herausforderung dar, verbunden mit der großen Bitte, diese Gabe zu schätzen und – zum höchsten Wohle aller – positiv einzusetzen. Wahrlich eine große Herausforderung in dieser so starren Welt, wo Funktion und Leistungsfähigkeit scheinbar mehr zählen als Wohlwollen, Verständnis, Miteinander, Mitgefühl und Teamarbeit.

Die Veränderung, Bewegung und Transformation dieses Planeten und der Menschheit sind jedoch bereits vorhanden und deutlich spürbar.

Eine neue Zeit wurde eingeläutet, in der Intuition, Mitgefühl, Telepathie, Empathie, Wahrnehmung, Hellwahrnehmung (wie z. B. Hellsicht/Hellfühlen/Hellhören) und die Ganzheit der Schöpfung wieder im Vordergrund stehen und gefördert werden, sodass sich diese Qualitäten letztendlich zu einer selbstverständlichen

Normalität entwickeln, welche zur Grundlage der Existenz auf Erden heranwächst.

Dies ist ein Prozess des Wachstums und der stetigen Entwicklung und setzt Bewusstwerdung, Bewusstsein und bewusstes Sein voraus.

7

DEN AUFTRAG ANNEHMEN

Immer wieder wurde ich von »meinen Meistern« gebeten, Botschaften für die heutige Menschheit zu empfangen. Immer wieder wurde und wird mir nahegelegt, doch bitte, bitte meinen Seelenauftrag anzunehmen und auszuführen. Dies ist mir bis jetzt unmöglich erschienen, obwohl ich bereits einige Dinge lösen und wohl auch erledigen durfte. Diese Aufgabe scheint mir aber so immens groß und ich so klein und unbedeutend. Wie soll ich das denn können?

Meine Meister fragen mich kopfschüttelnd: »Glaubst du denn immer noch, dass wir dich um etwas bitten, was du nicht kannst? Nicht vollbringen kannst?«

»Ich weiß nicht recht, ich fühle mich hilflos und maßlos überfordert ...! Einiges habe ich bereits getan und Anfänge gemacht. Es führte zu nichts Gescheitem.«

»Ja, einige Versuche hast du gestartet und die waren schon sehr gut, nur noch nicht glasklar. Das wäre allerdings korrigierbar gewesen. Du hast die Flinte sofort völlig frustriert ins Korn geworfen, nach dem Motto: ›Ich kann das nicht, bin dem nicht gewachsen!‹. Nun aber hattest du Geburtstag, hast ein wichtiges Neuner-Jahr vollendet und einen Neubeginn gestartet. Am Tage deines Geburtstages geschah etwas Besonderes. Erzähl doch mal.«

»An meinem Geburtstag bin ich alleine und gestalte diesen Tag mit Dingen, die ich gerne mache. U. a. pflanze ich an diesem Tage eine Clematis in durch große Wärme und Trockenheit steinharte Erde. Das Pflanzloch habe ich gewässert und in Etappen gegraben und nun ist es groß genug. Erst am Abend, wenn die Sonne unter geht, werde ich pflanzen.

Ich lege die Beine hoch, sitze im lichten Schatten und lese. Plötzlich fühle ich ein eigenartiges Kribbeln oben auf meinem rechten Fußgelenk. Ich schaue hin und sehe dort zu meinem Erstaunen einen recht großen Grashüpfer sitzen. Vorsichtig lege ich einen Finger direkt an ein Beinchen, um ihn zum Weghüpfen zu bewegen. Er lässt sich nicht stören und bleibt einfach sitzen.

Nun betrachte ich ihn ausgiebig. Ein so schönes, großes Tier dieser Gattung habe ich noch nie so nah gesehen. Dann aber spaziert er gemächlich hinunter zum Fuß. Ich bin ungemein kitzelig. Diese kleinen Füßchen, hi, hi, nicht zum Aushalten ...! Vorsichtig schubse ich ihn. In einem Satz springt er hinunter auf den Boden, um aber sogleich das Stuhlbein hochzuklettern und direkt unter meinem rechten Fußgelenk innezuhalten. Erstaunt denke ich: Was will er? Irgendwann gehe ich mir einen Kaffee machen und stehe vorsichtig auf.

Als ich wiederkomme, ist er weg und ich vergesse diese Geschichte. Bis mich mein Meister am nächsten Abend in einem Channeling darauf aufmerksam macht, dass dies ein Krafttier war, das mir eine Botschaft brachte, und ob ich dann immer noch denken würde, dass alles nur so ganz zufällig geschieht? Ich möge in meinem Buch der Krafttiere nachlesen und auch im Netz, was die Botschaft wäre!

Es geht um Fülle, Reichtum und Überfluss. Die Fähigkeit, sich zu häuten, gilt als Auferstehungssymbol und deutet auf Neuanfang hin, die alte Haut abzustreifen und das neue Ich zu begrüßen. Es geht um mehr Leichtigkeit im Leben und darum alles loszulassen, was beschwert, aufhält, traurig macht, denn vor mir wartet so viel Neues! Das Krafttier Grashüpfer zeigt mir, wie leicht es sein kann, Sprünge zu machen. Mit Leichtigkeit große Schritte nach vorne zu machen. Ich muss nur bereit sein, große Sprünge zu wagen. Auch meine Tarnung aufgeben und mich zeigen, wie der Grashüpfer es auf meinem Bein tat.

›In meinem Alter alte Haut abzustreifen ist voll gut!‹, witzele ich mit mir selbst. ›Alles loslassen, was beschwert, Neuanfang, Leichtigkeit. Schritte nach vorne machen. Gar Sprünge machen! Sich zeigen statt verstecken! Ob der mich kannte? Erstaunlich!‹«

Vor einigen Tagen machte ich bereits einen Neuanfang durch eine Art Einführung mit Strength und heute ...

8

NEUANFANG – DIE ADLERENGELIN

... heute gehe ich wieder in die Bibliothek. Sorgfältig bereite ich mich vor.

Als ich in der Bibliothek ankomme, scheint es dort etwas düster. Ich nehme eine große Gestalt wahr. Eine sehr große, wenn nicht gar riesige Gestalt. Ich habe sie schon mal gesehen, erinnere ich mich. Es scheint mir diese Adlerengelin zu sein. Also eine Engelin mit Adlerflügeln riesiger Spannbreite. Damals war ihre Botschaft etwa: »Fürchte dich nicht.«

Heute schaut sie mich mit ihren adlerartigen Augen direkt und forschend an und fragt: »Bist du bereit?«

Ich sehe sie verwirrt an und frage mich, ob ich bereit bin und kenne die Antwort nicht. »Heute bin ich hier und mache den Anfang. Ich kann nur über jetzt und heute sprechen. Ich weiß nicht, ob ich für alles, was geschehen mag, bereit bin. Ich vermag nicht, dies abzusehen und zu wissen. Jetzt aber bin ich hier und mache den Anfang, den Neuanfang. Das ist alles, was ich heute zu bieten habe.« Sie scheint zufrieden.

In der Mitte des Raumes sehe ich jetzt einen großen Tisch mit Stühlen rundherum. Alle Plätze sind belegt, nur einer ist frei. Direkt gegenüber von diesem leeren Stuhl hat die Adlerengelin Platz genommen und bedeutet mir nun, mich zu setzen. So setze ich mich und schaue in die Runde. Sind wir zwölf? Es scheint so.

Sie spricht ohne Worte. Dies sei meine Mannschaft, mein Team, meine Unterstützung bei der zu bewältigenden Aufgabe.

Ich sende zurück, dass mich das sehr wundert, denn ich würde keinen von ihnen kennen.

Ein wohlwollendes Lächeln huscht über ihr Gesicht: »Links und rechts von dir sind deine wichtigsten dich begleitenden Seelenanteile, die Strength heißen. Strength ml. rechts und Strength wbl. links von dir. Dies sollte dir auch bereits in einer bestimmten Form bekannt sein. Hier weiter links, Ruana, dir wohl bekannt. Die anderen Wesenheiten sind ebenfalls alle jeweils Anteile deiner Seele. Sie vertreten verschiedene Inkarnationen deiner Seele, die gemeinsam mit dir, Margaretha (die jetzige Persönlichkeit deiner Seele), diese Aufgabe lösen, bewältigen und meistern werden.

Du bist also nicht alleine und gar nicht hilflos. Du bist so gewachsen, hast dich so wunderbar entwickelt, so viel verstanden und bist so voller Liebe. Du bist dieser Aufgabe vollends gewachsen. Es war notwendig, das Neuner-Jahr zu vollenden und die gestellten Herausforderungen in diesen letzten – gewiss schweren Jahren – zu bewältigen, den vorerst finalen Schliff zu erfahren. Letztendlich müssen wir hundertprozentig sicherstellen, dass du zweifellos, standhaft und überzeugend im hellen Lichte lebst, gehst, stehst und waltest. Es waren wahrhaft harte Jahre für dich. Aber es hat sich gelohnt. Der Diamant wurde geschliffen und schimmert jetzt wundervoll in vielen, vielen Facetten und perlmuttartigen, pastelligen Farbtönen mit größter Strahlkraft. Ach, könntest du dich sehen! Du wärst über jeden (Selbst-) Zweifel erhaben, würdest nicht mal mehr das kleinste Fünkchen Zweifel an deinem Können haben.

Also vertraue und gehe deinen Weg. Folge deiner Bestimmung.«

Ich spüre eine Hand auf meiner linken Schulter und schaue hoch. Edward nickt mir zu und bedeutet mir, dass es Zeit ist. Ich stehe auf, verneige mich leicht in die Runde und folge Edward. Er lächelt mir still zu, verbeugt sich und ist verschwunden. Ich verlasse die Bibliothek.

Später fällt mir auf, dass es irgendwie eigenartig ist, dass die Adlerengelin im Kreise meiner Seeleninkarnationen sitzt. Das verstehe ich nicht. Ich gehe also erneut in die Bibliothek, um Edward zu fragen.

Er ist sofort da. Er hat mich erwartet. Wir begrüßen uns still, dann lege ich ihm meine Frage vor.

»Dein Einwand ist richtig. Deine Adlerengelin ist keine Inkarnation deiner Seele. Aber schau sie dir an, sie ist sehr nah bei dir und begleitet dich bereits dein Leben lang und länger unbemerkt. Ahnst du, was sie für dich ist? Ahnst du, wie es kommt, dass du zu dem Engel ›sie‹ sagst, also weißt, dass sie eine feminine Erscheinung für dich ist? In Wahrheit ist sie deine Schutzengelin. Die Schutzengelin deiner Seele und zugleich deine geistige Führerin. Sie überblickt die ganze Kette deiner aufeinanderfolgenden irdischen Verkörperungen und hat damit in dieser Runde den zentralen Platz dir gegenüber eingenommen.

Sie ist also mit dir und den anderen aufs Innigste verbunden. Wissend und mit hoher Weisheit und größtmöglichem Überblick steht sie dir zur Seite.«

9

Besuch in Atlantis

03.09.2019 – Gestärkt gehe ich in den nächsten Tagen wieder in die Bibliothek.

Als ich ankomme, begrüßt mich Edward kaum und bittet mich sogleich, ihm zu folgen. Er geht quer durch den Raum und verschwindet in einer Nische. Ich rufe, wo er denn sei. Er erscheint wieder und nimmt mich am Arm. »Hier geht es lang.«

Wir befinden uns in einer Art unterirdischem Gang. Halbdunkel, feucht, modrig und eng. Es beschleicht mich ein seltsames Gefühl, etwas zwischen Neugierde, Melancholie und sogar Trauer. Trotzdem folge ich ihm. Schließlich erreichen wir einen sehr, sehr großen, hellen Raum. Tageslicht! Endlich! Ich atme auf und schaue hoch, – nein, kein Himmel, sondern eine Art Kuppel in riesiger Größe, die ich nicht sehen, nur wahrnehmen kann. Das Licht ist dennoch wie Tageslicht und sehr angenehm und die Atmosphäre erstaunlicherweise auch. Es scheint eine Art von Stadt zu sein ... Ich sehe Menschen, die sich mit verschiedenen Dingen beschäftigen. Eine Frau redet scheinbar mit einem Kristall. Ein Mann hantiert am Rande meiner Wahrnehmung mit einem riesigen Kristall und Drähten. Irgendwo in einer Ecke scheint Gemüse zu wachsen. Ich bitte Edward um Führung und Erklärung.

»Schau, der Mann mit dem großen Kristall da – lass uns näher herangehen. Durch solche Kristalle wird hier die vollständige Energieversorgung sichergestellt. Sie sorgen für Licht, Energie und Wärme und regulieren zugleich die Zusammensetzung der Atemluft und halten die Energieschwingung im Raum in einer solchen Balance, wie es für die Menschen angemessen ist. Du spürst, dass sich dieser Raum unter einer Art Kuppel befindet. Dies ist von immenser Wichtigkeit für die Menschen hier. Ihre

Schwingungen, sprich ihre Lebensenergien, vibrieren in einem solch hohen Frequenzmuster, dass sie in der normalerweise auf Erden herrschenden Atmosphäre nicht existieren könnten.

Ein solcher Kristall hat also erstaunliche Fähigkeiten und ist eine Art Computer. Daten und Informationen wurden in ihm verankert. In diesem Sinne ist er eine reine Datenbank oder ein Datenträger, wobei alles miteinander vernetzt ist. Der Mann ist eine Art Informatiker, ein Techniker, der das System steuert und überwacht. Die Drähte, die du siehst, sind Leitungen, die Verbindungen und Schaltungen zu den verschiedenen Instrumenten und Maschinen bilden, die jeweils angeschlossen sind. Die Drähte sind meistens aus Kupfer, oftmals aber auch aus einer speziellen Metallart, die es so nicht auf Erden gibt. Kupferleitungen sind jedoch auch sehr wirksam und genügen für die meisten Verwendungen vollkommen. Die Kuppel, die du wahrnimmst, ist keine materielle Kuppel, sondern besteht aus einem energetischen Kraftfeld, das ebenfalls durch Kristalle aufrecht erhalten wird.

Siehst du die Frau da in der Mitte? Lass uns hingehen. Sie scheint mit dem Kristall zu sprechen, nicht wahr? Tut sie auch in gewisser Weise. Sie ist Lehrerin und bereitet diesen Kristall für den Unterricht verschiedener Stufen vor. Sie gibt die Informationen hinein, die dann den Schülern übertragen werden können. So findet Bildung auf verschiedenen Ebenen recht rasch statt – ohne jahrelanges mühsames Lernen und Studieren. Das gespeicherte Wissen, die Weisheit, wird den Energiefrequenzen des Schülers entsprechend, übertragen. Es ist nicht so, dass das gesamte Wissen dann sofort zur Verfügung steht. Das wäre reine Überforderung des Gehirnsystems. Es ist aber in spezieller Art und Weise im Bewusstsein verankert und steht für einen späteren Gebrauch zur Verfügung.

Dahinten, wo es so grün aussieht, ja, das ist tatsächlich Gemüse. Hier wird versucht, welche Lebensmittel am besten in dieser Atmosphäre gedeihen. Gemüse, Obst, Nüsse, Getreide etc.«

Wir gehen hin. Es sieht tatsächlich wie eine Versuchsanstalt aus. Manche Pflanzen sind gesund und kräftig, andere kraftlos. Es muss also richtig ausprobiert werden, was tatsächlich erfolgreich angebaut werden kann.

Edward hält inne und erklärt: »Wir sind hier in einem Teil von Atlantis, wie es, nach dem Untergang des oberirdischen Atlantis, unterirdisch wiederaufgebaut wurde. Es gibt unterirdische Tunnel mit vielen Verbindungen und Verzweigungen sowie mit vielen verschieden großen Räumen, so wie z. B. dieser Raum hier.

Dies war ein kurzer Einblick«, beschließt Edward. Ein sanftes Lächeln liegt auf seinem so stillen Gesicht, während er mich anschaut. Er führt mich zurück, verneigt sich leicht und verschwindet wortlos.

10

Die Kristallseele

22.09.2019 – Ein Portaltag* und wunderschönes Wetter.

Ich sitze auf der Terrasse und verbinde alles in mir, um mich auf eine Meditation vorzubereiten. Ich ruhe tief in meinem Herzzentrum und in meiner Seele. Verbinde mich mit der Welt um mich herum und gehe dann nach innen in mich selbst. Erstaunt höre ich eine innere Stimme, die mich bittet, an diesem wunderbaren Tag in die Bibliothek zu kommen. Ich zaudere nicht lange, bereite mich vor und »reise« rasch.

Edward ist sofort da. Er strahlt: »Schön das du kommst, wir haben dich erwartet. Komm, ich will dir etwas zeigen.«

Er führt mich exakt in die Mitte der Bibliothek und bittet mich, hochzuschauen. Ich nehme ein kraftvolles, blendfreies Licht von besonderer Ausstrahlung wahr. Fragend schaue ich Edward an. Er bittet mich, einige Schritte rückwärts zu gehen und einfach wahrzunehmen, was geschieht. Das Licht senkt sich langsam in den Raum hinein, bis sich daraus einen sehr, sehr großen Kristall manifestiert. Der Kristall ist von erstaunlicher Reinheit und Klarheit. Klar wie Glas.

Die Adlerengelin, Strength und meine »Stammtisch-Inkarnationen« haben sich in meiner Nähe rund um diesen großen Kristall geschart. Edward fordert mich auf, mich mit seiner Hilfe zu minimieren, um leicht in den Kristall eintreten zu können. Diese Erfahrung habe ich bereits anderweitig gemacht, sodass ich in dieser getragenen Geborgenheit keine großen Hemmungen habe. Schon bin ich minimiert. Edward bittet mich, sanft gleitend einzutreten und mir dabei bewusst zu sein, dass sich der Kristall für mich öffnet und mich einlässt. Vorsichtig strecke ich die Hände aus. Sie gleiten leicht durch die Kristallwand hindurch und schon werde ich vollständig hineingezogen. Ich befinde mich an der Basis des Kristalls. Wie unendliche Stufen und Gerüste sind die inneren Kristallgitterstrukturen neben und über mir sichtbar.

Die Kristallseele, eine zartschimmernde Wesenheit, erscheint und spricht wie Edward ohne Worte. Sie bittet mich, höher in die Strukturen des Kristalls zu gehen und ihr zuzuhören. Um mich herum nehme ich kleine Wesen wahr, die große Lebensfreude, Neugierde und zugleich große Weisheit ausstrahlen.

Die Kristallseele bittet: »Höre und schreibe die Geschichte, die wir dir jetzt erzählen. Öffne alle deine Channel-Kanäle und stelle die Emotionen hinter die Türe. Aber feste!«

Die Geschichte der Kristallseele

»Vor langer, langer Zeit, als die Erde erschaffen wurde und langsam begann, Form anzunehmen und erste Lebewesen entstanden, lagerte sich Schicht um Schicht das ab, was ihr heute Erde nennt – Erdreich halt. Der Planet Erde war noch jung und sehr flexibel in Form und Gestalt. Somit war Mutter Erde einer fortwährenden, ständigen Veränderung unterworfen. Viel stärker als heutzutage.

Die Hüterwesen der innerirdischen Prozesse waren und sind, gemeinsam mit den Hüterwesen auf und um den Planeten, u. a. für die Erstellung und Erhaltung des Gleichgewichts und die Ausbalancierung der Erdachse verantwortlich. Auch wir Kristallwesen sind ein Teil dieser Gemeinschaft, zusammen mit unzähligen Lebewesen, seien sie für euch sichtbar oder unsichtbar.

Die Erden(reich)masse auf dem Planeten wuchs und festigte sich allmählich mehr und mehr an unterschiedlichen Stellen. Festland und Gewässer entstanden. Es formten sich unterirdische Öffnungen, teils mit Wasser, teils mit Luft und sich entwickelnden Gasen gefüllt. Die Höhlenwände festigten sich und wurden zu einer Art Gestein. Durch lebendige Aktivität im Inneren solcher Höhlen und durch den Druck von oberhalb und seitlich versteinerte die Erdenmasse immer

stärker. Wasser sickerte in geringster Menge durch diese teils porösen Schichten in die Höhlen hinein. Dort entstanden über die Jahrtausende durch besondere natürliche Prozesse und Kristallisierungen, wunderbare Gesteinsformen. Gesteine in vielerlei Farben, Formen und Arten, die ihr Edelsteine und Halbedelsteine nennt.
Merke, dies ist keine wissenschaftliche Abhandlung. Allerdings erzählt diese Geschichte die Wahrheit und das, was wahrhaft wichtig ist, um unsere Existenz verstehen zu können. Wir sind hier seit den Urzeiten dieses Planeten und tragen in unserem Wesen das vollständige schöpferische Wissen des Schöpfers dieses gesamten Universums und des Planeten Erde. Alles ist Eins, eine Ganzheit. Die Trennung, die ihr Menschenwesen wahrnehmt und lebt, besteht nicht wahrhaft.
Wir Kristalle dieser Größe sind die Träger und Überträger großer Wahrheiten, hohes Wissens und eindrucksvoller Erkenntnisse. Noch ist der Mensch auf Erden nicht reif und entwickelt genug, die vollständigen Wahrheiten und Erkenntnisse, das gesamte Wissen zu erfahren. So tragen wir es weiterhin und zeigen uns – mit Hilfe der unteren und oberen Hüter – (noch) nicht. Wir zeigen uns dir jetzt nur deshalb, weil du die Hüterin der Kristalle bist. Du bist die jetzige Verkörperung und Inkarnation von Ruana. Ihr Wissen und ihre Erkenntnisse stehen dir zur Verfügung, damit der Teil des großen Wissens, welcher der Menschheit heute zur Verfügung gestellt werden darf, durch dich fließen kann. Du bist eine der heutigen Brücken, auch Medien genannt. Aber das willst du nicht hören, nicht wahr? ›Brücke‹ ist okay für dich, aber ein Medium willst du dich nicht nennen. So, nennen wir dich ›eine Brücke‹. Eine Brücke, die von einem zum anderen Ufer führt, zwei Seiten verbindet. Das bist du! Deine Seele und Ruanas Seele sind die gleiche, ebenso wie die anderen hier anwesenden Seelenanteile, die sich rundum diesem Kristall vereint haben, zusammen mit Strength und deinem Schutzengel. Wisse, du trägst auch das Wissen

und die Weisheit des atlantischen Meisters Strength in deinem Seinswesen. Vertraue bitte tief! Nimm deine Aufgabe mit Herz und Seele an, bitte!
Jetzt sieh dich hier im Kristallgefüge um und sage mir, was du wahrnimmst.«

Ich schaue und nehme ein strahlend weißes Licht wahr, das dann milchig sanft wird, um schließlich eine zartrosa perlmutt schimmernde Tönung anzunehmen. Da alles ohne Worte geht, brauche ich meine Wahrnehmung nicht mitzuteilen.
Das Kristallwesen lässt nun wissen, dass dies zeigt, dass der Kristall sowohl eine Licht(Energie)-Funktion als auch eine der Liebe, der bedingungslosen Liebe, trägt und ausstrahlt.
Ich nehme die kleinen Wesen nun sehr deutlich wahr. Sie haben sich in großer Zahl dicht um uns geschart und strahlen eine freudige Erwartung aus. Sie scheinen vor Aufregung zu vibrieren und ich frage, was los sei und was sie von mir wollen.
»Du bist Ruana? Bist du wirklich Ruana? Wir freuen uns so. Endlich bist du gekommen!«
Ich zaudere und überlege: Bin ich Ruana, bin ich Margaretha, bin ich Strength? Irgendwie bin ich viele und vieles zugleich und gerade mal selber mit diesen spirituellen Gegebenheiten einigermaßen in Harmonie gekommen. Was ist die richtige Antwort? Ich zögere noch und antworte dann wortlos, dass ich den Namen Margaretha als erster Vorname bekommen habe und die Seele trage, die auch Ruana war. Dass mir ihre Aufgabe als Hüterin der Kristalle übertragen wurde, ich aber noch lerne, was genau das für mich, die jetzige Persönlichkeit, bedeutet. Dass ich jede Hilfe und Unterstützung gerne annehme und mich sehr freue, die Kristallseele und alle diese Elementarwesen* hier im Kristall begegnen und begrüßen zu dürfen.

Sie hüpfen herum und tanzen und kichern und singen laut: »Ruana ist da, Ruana ist da!« Sie sind so vergnügt. Eine Wonne, ihnen zuzuschauen.
Dann frage ich: »Habt ihr Ruana gekannt?«
»Was für eine Frage! Klar haben wir das und jetzt kennen wir auch dich! Du erbittest unsere Unterstützung?«
»Ja, das tue ich.« Dies freut die kleinen Wesen so sehr, dass sie wieder anfangen zu kichern und zu hüpfen. Die Kristallseele mahnt sanft zur Ruhe.

Wir bilden nun im Zentrum des Kristalls einen Kreis und verbinden unsere Herzensenergien und unsere Seelenenergien, um dauerhaft jederzeit miteinander in Kontakt sein zu können.
Wortlos frage ich nach einem Namen. Die Kristallseele schaut mir tief in die Augen. Ich vernehme den Namen und dessen damit einhergehende tiefgründige Bedeutung.
»Mein Name ist Christ-A, ich bin eine Kristallseele der Christuskraft. Da staunst du, nicht wahr? Du meinst, die Christuskraft kam erst durch den Mann, der vor gut 2000 Jahren auf der Erde ging, auf diesem Planeten. Durch den Mann, der als Jesus auf die Erde kam und schließlich zu Jesus Christus, Jesus der Christus, wurde. Wo aber, meinst du, kam denn diese Christuskraft her? Habe ich nicht gesagt: Alles ist Eins? So war die Christuskraft von Anbeginn in der Erde angelegt, um – zum richtigen Zeitpunkt – auf Erden erscheinen zu können. Und jetzt, nach gut 2000 Jahren, manifestiert sich die Christuskraft erst recht. Viele Elementarwesen der Christuskraft helfen dem Planeten und den Menschen, die wahre bedingungslose Liebeskraft zu entfalten, zu tragen und weiter zu tragen ...! Reine Christuskraft eben.
Und so sei es!

Diese noch jungen Elementarwesen, die du hier im Kreise wahrnimmst, sind die reinsten Träger der Christuskraft für die Erde und die Menschheit. Sobald es für sie an der Zeit

sein wird, werden sie flügge und ihre Liebe und Freude auf Erden verteilen. Ohne Freude ist Liebe nur ein Teil der Liebe. Es geht um bedingungslose reine Liebe und bedingungslose reine Freude, frei von jeglicher Emotionalität. Beides gehört zusammen und vibriert gemeinsam in heilsamer, höchster Schwingungsfrequenz.«
Sie legt die Hände vor ihrem Herzzentrum zusammen. Ich folge ihrem Beispiel. Wir schauen uns tief in die Augen und besiegeln unsere Vereinbarung. In tiefer Demut und Dankbarkeit verneige ich mich.
Als ich wieder aufschaue, sehe ich zu meinem Erstaunen, dass auch die jungen Christuswesen in dieser Demutshaltung verharren. Als sie bemerken, dass ich schaue, fangen sie wieder an zu zittern und rufen: »Wir freuen uns so sehr. Komme bald wieder. Die Geschichte ist noch nicht zu Ende. Wir gemeinsam werden sie in die Welt hinaustragen, nicht wahr?«
Ich nicke lächelnd und bestätige auch ihnen die Vereinbarung. Sie scheinen vergnügt und zufrieden und begleiten mich zusammen mit Christ-A nach unten zur Basis des Kristalls, wo ich wieder sachte durch die Kristallwand nach außen gleite.

Ich drehe mich um, um mich nochmals kurz zu verabschieden. Schon verschwindet der Kristall. Nur das zarte Licht ist noch zu sehen und erlischt kurz darauf. Auch meine Begleiter, die sich um den Kristall positioniert hatten, sind verschwunden. Ich bin allein.

Edward berührt kurz meine linke Schulter, nimmt die tiefe Minimierung zurück und führt mich zum Eintrittsbereich der Bibliothek. Wortlos verneigt er sich zufrieden lächelnd und verschwindet ebenfalls. Ich gehe zur Erde zurück.

11

Der Heiltempel

28.09.2019 – Dreamteam* – Nach dem Abendessen spüre ich meine Meister. Sie bitten mich, mit ihnen in die Bibliothek zu gehen.

Edward sehe ich und hinter ihm nehme ich meine drei Meister als Lichtgestalten wahr. Zu meinem Erstaunen ist Meister Ivanor* ebenso anwesend. Ich bin tief berührt und zugleich völlig verunsichert. Diese hohe, kraftvolle Anwesenheit der geistigen Welt. Was (um Gottes Willen) wird von mir erwartet? Ich halte inne und warte ab.

Sie begrüßen mich liebevoll und voller deutlich spürbarer Achtung und Respekt. So, als ob ich die Meisterin wäre, statt sie selber. Ich fange an zu lachen, finde es so schön und so lustig, so einzigartig, dass in mir eine große Freude und Fröhlichkeit entsteht und hochsteigt, die ich spontan zeige. Auch sie fangen an zu lachen. Ein herrlicher, gemeinsamer Klang entsteht. Einen Klang der Liebe, der Freude, klar wie eine wunderbar gestimmte Glocke, die glucksend geläutet wird.

Dann: »Schön, dass du da bist. Wir möchten dir danken für das Vertrauen, das du gezeigt hast, in dich, in uns und in das, was dir widerfährt. So machen wir heute weiter.«

Strength wird mich führen, erfahre ich. Ich scheine erstaunlicherweise zu wissen, welche Lichtgestalt Strength ist. Er kommt auf mich zu und ich kann ihn klar wahrnehmen. Er lächelt und sagt: »Komm, wir machen eine Begegnung.«

Ich folge ihm durch die Bibliothek, die jetzt verschwindet, um Platz für eine Landschaft am Meer mit Bergen im Hinterland zu machen. Da, wo wir uns aufhalten, ist ein Sandweg, der in diese Richtung führt. Die Umgebung ist herrlich grün und scheint sehr fruchtbar zu sein. Links von uns nehme ich ein Gebäude wahr, gebaut aus größeren roten Steinen mit Gelb im unteren Bereich. Insgesamt jedoch hauptsächlich rot. Ich sehe keinen Eingang, auch keine Fensteröffnungen.

Auf der anderen Seite sehe ich ein weiteres Gebäude, ebenfalls aus roten, viereckigen Steinen, fast wie rote Backsteine, nur größer und nicht so akkurat rechteckig geformt. Sie scheinen eher aus großen Felsgesteinen gehauen zu sein, schließen aber trotzdem exakt aufeinander. Der Eingangsbereich, der Dachbereich sowie der obere Bereich dieses Gebäudes bestehen aus einem hellen, weißlichen Gestein wie Marmor. Das Bauwerk verzichtet auf Türen, ist offen. Am Ende des Treppenaufgangs stehen einige Säulen. Sie sind wohl aus dem gleichen Material wie der obere Bereich des Gebäudes. Es scheinen jeweils sechs Säulen an jeder Seite zu sein und sie tragen ein schützendes Portal, das in die Dachstruktur übergeht. Das Dach ist besonders geformt wie eine Kuppel oder einen Dom. Es läuft relativ spitz zu und scheint rundum ca. zwölf Flächen zu haben, die sich von unten her nach oben jeweils verjüngen und in der Mitte treffen, aber nicht abschließen. In der Mitte scheint eine Öffnung zu sein. Was ist das?

Fragend schaue ich Strength an und er meint: »Komm, lass uns eintreten, dann verstehst du, was das bedeutet.«

Wir gehen die Stufen hoch und betreten durch den Säulengang das Innere des Gebäudes. Wir gelangen in einem sehr großen Raum, welcher den Eindruck macht, rund zu sein. Der Raum ist jedoch nicht kreisrund wie ein Zirkel, sondern eher wie eine große Bienenwabe geformt. Nur mit viel mehr Flächen, zwölf an der Zahl. Sie verbinden und verweben sich nach oben mit der Konstruktion der Kuppel.

Es herrscht in diesem Raum eine fast heilige Atmosphäre. Eine tiefe, liebevolle, andachtsvolle Stille, erfüllt von hoch heilenden Frequenzen, ist deutlich spürbar und berührt mich tief. Ich schaue nach oben und nehme ein atemberaubendes Schauspiel der erstaunlichsten Farbschattierungen und Muster im Dachzentrum des Doms wahr.

»Kristalle?«, frage ich.

Strength bejaht: »Es ist ein heilendes Muster aus Farben und Formen, aus reinen, dünn geschliffenen Edelsteinen, durch welche das Licht in fast magischer Weise hindurch scheint. Sie sind durch filigrane metallische Umrahmungen miteinander verbunden. Durch die jeweilige Form und die entsprechende Farbgestaltung entsteht ein sehr hoch heilendes Gesamtkraftfeld. Jede Person, die diesem Kraftfeld ausgesetzt wird, nimmt daraus das, was ihr Körper, ihre Seele, ihr Geist und ihre Psyche benötigen. Die Person verbindet sich mit dem Gesamtkraftfeld und bittet um Heilung, gemeinsam mit der Hohepriesterin, die das Feld in der jeweils benötigten Stärke energetisiert und/oder modifiziert, wodurch die benötigte Heilkraft bestimmt wird.

Siehst du die Liege, das ›Heilbett‹? Schau, das Licht der Kristalle des Domzentrums fällt je nach Sonnenstand und Sonneneinstrahlung anders zur Liege hin und so verändert sich das Muster der Heilung fortwährend. So erhält die Person eine Vielzahl an Farbschwingungen, die eine ganz intensive Heilung zustande bringt. Direkt über der Liege ist ein dünnes Tuch gespannt. Die Liege an sich ist aus einer ganz bestimmten kristallinen Metalllegierung gearbeitet, wie sie auch bei der Einfassung der Kristalle oben im Dom verwendet wurde. Die Liege besteht aus einem metallischen Rahmen und einem metallisch gewobenen Netz und wirkt damit hoch magnetisch strukturierend. Klänge ergänzen die Wirkung. Und schau, der stützende Fuß der Liege ist aus einem riesigen, pyramidenförmigen, klaren Kristall gestaltet und steht fortwährend in Resonanz mit den Kristallen oben in der Decke. Der Mensch liegt in diesem Gesamtenergiefeld. Es ist großartig! So kann hier sofortige Heilung geschehen.

Lass uns warten, ob heute eine Sitzung stattfindet. Du weißt, du bist unsichtbar, also bewege dich frei in diesem Raum und nimm auch die Nischen in den Wänden wahr. Siehst du sie?«

»Ja, ich sehe sie. Sie scheinen mir recht klein zu sein. Es kann sich gerade mal eine Person dort hineinsetzen, nicht wahr?«

»Ja, es sind ganz spezielle Heilräume. Später mehr darüber. Achtung, da kommt die Hohepriesterin mit einer Person.«

Strength weist mich an, mich während der Behandlung an die Wand des Raumes zurückzuziehen, was er selber auch macht. So stellen wir sicher, dass unsere Energien die Heilung in keinerlei Weise beeinträchtigen. Als »Zeitreisende« tragen wir die Verantwortung dafür, die universellen Gesetze zu beachten, indem wir u. a. die Energien und Zeiträume achten und berücksichtigen und jeglichen Einfluss oder gar eine Veränderung vermeiden.

Sobald die Person sich hingelegt hat, wird die Liege in einen speziellen Winkel gedreht, bis die Hohepriesterin zufrieden ist. Erstaunlicherweise scheint dies vollständig mechanisch zu geschehen.

Die Hohepriesterin ist in ein weißes Gewand mit goldfarbenen Abschlüssen an den Rändern gekleidet und trägt einen goldfarbigen Gürtel mit vielen Knoten in einem der herunterhängenden Enden. Ihre langen Haare werden von einem breiten Band zusammengehalten. Ihr folgen junge Frauen in ebenfalls weißen Gewändern, aber ohne goldfarbige Akzente. Sie scharen sich gemeinsam um die Liege. Die Hohepriesterin am Kopfende.

Sie schließen die Person an einen Apparat an und nehmen offenbar eine Messung vor. Dann wird das Gerät exakt eingestellt. Es korrigiert nun – zusammen mit den Energien und Farben und den Klängen, die die jüngeren Frauen chanten – die jeweiligen Frequenzen der Person. Immer wieder wird die Liege kurz weitergedreht, ganz langsam, bis sie sich einmal um die eigene Achse gedreht hat. Dann wird der Apparat gelöst.

Die jungen Frauen ziehen sich zurück. Die Hohepriesterin bleibt noch, scheint den Fortschritt der Heilung zu prüfen. Schließlich nickt sie zufrieden. Die Person bleibt noch eine Weile alleine im Raum liegen, steht dann langsam auf. Sie scheint voller Kraft zu sein und verlässt federnden Schrittes das Heilgebäude, den Heiltempel.

»Wie versprochen, kommen wir jetzt zu den Nischen in den Wänden. Die Atlanter, zumindest die Ältesten, beherrschten die Magnetenergie in vollkommener Weise. Die eigenen persönlichen Energien waren durch innere Arbeit und die Arbeit im Außen sehr kristallin und magnetisch geworden. So waren sie in der Lage, die Strukturen zu ändern. Gottes Licht heilt, Magnetenergie strukturiert neu und je kraftvoller diese Energie zum höchsten Wohle der jeweiligen zu heilenden Person fließen kann, desto effektvoller gelingt die Neu- oder Umstrukturierung.

Eine Person setzt sich unter Begleitung einer Priesterin in so einen ganz speziellen kleinen Heilraum. Sie erhält dann individuelle Heilung bzw. eine Veränderung der Schwingungsfrequenzen und verbleibt dort mehrere Stunden. In manchen Fällen bis zu vierundzwanzig Stunden. Die Heilung bzw. Veränderung geschieht mittels Kristallen verschiedener Frequenzen und entsprechender Programmierungen (speziell von den zuständigen Ältesten programmiert), zusammen mit den benötigten Farb- und Klangtönen.

Seitdem sich die Menschen in zunehmender Anzahl der Farbschwingungen (Frequenzen) in den Chakren bewusst sind, ist es nur logisch, dass sie wahrnehmen, dass Farben beeinflussen, sei es positiv heilend oder auch negativ störend oder gar krank machend. Harmonische Farb- und Klangtöne sowie magnetische und universelle (göttliche) Frequenzen sind von Liebe getragene, harmonisierende, heilsame Schwingungen. Wenn dies dem Erdenmenschen nur mehr bewusst wäre, damit mehr experimentiert würde und auf einer ›sogenannten‹ anerkannten wissenschaftlichen Ebene mit der heutigen sogenannten (Schul)-Medizin und anderen Medizinebenen verwoben würde, wie gesund und harmonisch die Erdenmenschen dann leben könnten! Wie nahe käme der Garten Eden dann herbei.«

12

Der Blaue Planet

29.09.2019 – Dreamteam

Sind heute gekommen, einige Dinge und Sachverhalte zu erklären. So fangen wir an.

Lang ist es her. Sehr, sehr lange Zeit, in einer anderen Welt, die trotzdem die eure ist. Der Planet Erde, eure Welt, sah vor langer, langer Zeit anders als heute aus, ganz anders. Wenn wir jetzt mal von der Lage der heutigen Landmassen und Gewässer absehen, sah trotzdem alles andere dieser Welt völlig anders aus. Der Unterschied ist so groß. Kaum zu fassen und zu beschreiben. So beschränken wir uns auf das, was heute für das Verständnis und die Zukunft der Menschen und des Planeten Erde wichtig ist.

Der Blaue Planet, wie die Erde auch genannt wird, war zu der Zeit, die jetzt für die Menschheit wichtig ist, auch bereits blau. Er war damals karg und nicht reich begrünt. Dies entfaltete sich gerade. Auch eine Besiedelung der Erde fand erst allmählich statt. Die Menschen entwickelten sich nicht aus den Fischen, Affen etc., nein, die Erde wurde damals besiedelt durch ... ja, durch Außerirdische. Außerirdische Wesen, die euch, wie ihr heute ausseht, sehr ähnlich sehen, aber dennoch anders. Die Energien des Planeten Erde waren für diese Wesen nicht zuträglich und sie mussten für sie passend gemacht werden. Diese »Siedler«, wie wir sie nennen werden, bereiteten die Schwingungen der Erde vor, damit Lebewesen – Pflanzen, Tiere und Menschen – sich hier niederlassen und entwickeln konnten.

Manche der heutigen Menschen haben Erinnerungen an eine Existenz in einer Art durchsichtiger Kugel oder fester Seifenblase. Das könnt ihr euch wie eine Art Raumanzug vorstellen. Ausschließlich in einer solchen Hülle konnten Außerirdische, also Wesen von anderen Planeten, Galaxien oder gar aus jenseitigen Universen, die Erde besuchen. Die Schwingungen, sprich Energien, der jungen Erde waren noch viel zu gering, um diesen hochschwingenden Wesen, eine Existenz oder auch nur einen Besuch, auf Erden zu ermöglichen, und deshalb benötigten sie diese Schutzhülle.

Außerirdische machen euch Menschen Angst. Schon »Außerländische« machen euch Angst, obwohl ihr gerne mal ins Ausland fahrt, wo ihr euch dann bewusst machen solltet, dort Ausländer zu sein. Sobald eine Person die eigene Landesgrenze überschreitet, wird sie (abgesehen von einigen Ausnahmen) zum Ausländer oder zur »Außerländischen«. Wenn ihr heute bereits die Möglichkeit hättet, ins All zu reisen, würdet ihr das auch gerne machen, nicht wahr? Ihr würdet damit zu Außerirdischen werden. Oh weh, wie gruselig!

Dabei sind Außerirdische quasi eure Entwicklungshelfer gewesen und kamen immer wieder, um zu helfen und zu unterstützen, um die Energien zu erhöhen, damit Leben in Form von kleinen Tieren, Wasserpflanzen, kleine Wassertiere etc. entstehen konnte. Alles wuchs und entfaltete sich in Erdenjahren gerechnet langsam, ungemein langsam. Im Universum spielt Zeit keine Rolle. Auf Erden inzwischen schon.

Zeit wird mit einer Uhr gemessen und zeigt Sonnenaufgang und -untergang etc. Die Zeitspanne von jetzt bis dann ist nicht wahrhaft messbar, jedenfalls nicht richtig, denn jetzt ist jetzt und jetzt ist immer nur jetzt. Alles daneben ist nur das, was ihr Vergangenheit oder das, was ihr Zukunft nennt. Dazwischen ist jetzt. Jetzt ist im Grunde das Einzige, was zählt. Wir reden allerdings mit euch ebenfalls über Zeitspannen, um eurem dreidimensionalen Bewusstsein, eurer Wahrnehmung der Wirklichkeit, entgegenzukommen. Ihr lebt überwiegend in dieser Dreidimensionalität, noch ...! Nur das Materielle, Messbare, Sichtbare, wissenschaftlich Beweisbare und Wiederholbare ist für die Wahrnehmung in dieser Dimension maßgebend. Alles andere wird als Spinnerei abgetan und macht gar Angst. Die Menschen in der Dreidimensionalität tendieren zur Be- und Verurteilung und zum Kontrollverhalten, zum Festhalten an alten Mustern, Strukturen und Gewohnheiten, um darin eine Sicherheit zu finden, die es nur scheinbar und nicht wahrhaft gibt. Alles ist in stetiger Veränderung, Wandlung und Transformation. Wer stehen bleibt, treibt zurück und verliert damit bereits entwickelte Erkenntnisse und Fähigkeiten. So geht weiter voll Vertrauen vorwärts auf eurem Weg.

Spätestens mit den Erkenntnissen der Quantenphysik änderte sich alles, jedoch änderte sich das Bewusstsein, auch in der Wissenschaft, leider noch nicht grundlegend. Das Gros der Menschheit hat es noch nicht verstanden und lebt somit weiterhin in der Dreidimensionalität, in der nur das Materielle zählt. Zusammen mit dem, was das menschliche Auge normalerweise sehen kann, oder das, was mit den Händen bzw. mit dem Körper – mit den Sinnen – gefühlt, getastet, gehört, gerochen und geschmeckt werden kann.

Diese eingeschränkte Realitätswahrnehmung hat zu großen medizinischen Verirrungen, zu wirtschaftlichem Fehldenken und zu Fehlsteuerungen im gigantischen Ausmaß geführt – mit katastrophalen Folgen für die gesamte Erde und ihre Bewohner. Es besteht keine Trennung zwischen Erde, Natur und Mensch. Alles ist vernetzt, alles ist Eins, eine Ganzheit.

So seid auch ihr Menschen Teil des Ganzen. Wie konntet ihr das vergessen? Wie konntet ihr zulassen, dass dies geschah? Schlaft ihr, träumt ihr? Ja, ihr schlaft. Ihr wollt nicht kritisch hinterfragen. Ihr vertraut den Falschen. Die, die anders reden und meinen, dies auch zeigen bzw. beweisen zu können, haltet ihr für Spinner: »Die sind doch verrückt!«. Warum seid ihr nicht bereit, nach dem Quäntchen Wahrheit in dem anderen (meist weiteren) Denken zu suchen und so selber nachzudenken, so selber zu entdecken und zu verstehen?

Wir ermuntern euch dazu, selber Verantwortung zu übernehmen. Sich selber zu informieren und selbstbewusst in alle Richtungen zu blicken, um Einseitigkeit zu vermeiden. Selbstbewusst und kritisch eine eigene freie, flexible Meinung zu bilden.

Aufwachen. Er-wachen ist gefragt. Anstrengend? Ja, ist es. Jeden Morgen werdet ihr wach und dennoch schlaft ihr den ganzen Tag. Geht zur Arbeit, esst, schaut Fernsehen, geht schlafen. Das machen jedenfalls die meisten von euch Tag für Tag und Jahr für Jahr bis zur Rente.

Manchmal plant ihr ab diesem magischen Punkt, dem Rentenpunkt, dann endlich das zu machen, was ihr das ganze Leben lang wirklich machen wolltet, euch aber nicht getraut habt. Warum traut ihr euch nicht rechtzeitig? Morgen kann es zu spät sein. Ihr hattet und habt kein Vertrauen in euch selbst und schon gar nicht in die universelle Kraft. Kein Vertrauen in die Fülle des Seins. Angstvolles Streben nach scheinbarer Sicherheit durch Job, Geld und Besitz treibt euch an. Ihr seid euch des Wunders des Lebens und der vielen sogenannten Zufälle, die immer wieder geschehen, nicht bewusst. »Na ja, Zufall halt.«

Ja, schlaft nur weiter. Merke nicht, schlafe. Manch einflussreichen Gruppierungen sowie weltweiten Machtstrukturen auf dieser Erde ist dies sehr recht, können sie doch so weiterhin mit euch machen, was sie wollen. So ihr es überhaupt merkt, schimpft ihr dann zwar über dies und jenes, handeln tut ihr aber nicht. Ihr macht nichts und ihr ändert nichts. Und schon ist es zur Normalität geworden. »Das ist eben so, da kann man nichts machen.« So schlaft ihr weiter und lasst machen ohne genau hinzuschauen oder gar kritisch zu hinterfragen. So geschieht unbemerkt die Zerstörung eures Zuhauses, eures Planeten Erde. Es ist spät geworden. Es ist allerhöchste Zeit aufzuwachen, richtig aufzuwachen, wach zu werden, zu er-wachen, spirituell zu erwachen.

Erwachet und handelt
und denkt selber, aktiv und kritisch
Erwachet und hinterfragt
Habt Vertrauen in euch selbst

Habt Vertrauen in das Universum
Habt Vertrauen in die Höhere Mächte
Habt Vertrauen in die tragende Liebeskraft
Erwachet und fangt an
Erwachet und fangt noch heute an.

JETZT

13

Lerne von Atlantis

12.10.2019 – Dreamteam

In der Atlantischen Zeit, als Atlantis auf der Erdoberfläche existierte, befand sich noch eine Zivilisation auf Erden. Und zwar auf der anderen Seite des Kontinents, den heutigen Vereinigten Staaten (USA), etwa dort, wo heute der Pazifische Ozean ist: Lemurien, auch MU genannt. Die Lemurier hatten sich bereits viel früher hier auf Erden angesiedelt. Beide Zivilisationen kamen also ursprünglich von außerhalb der Erde und waren, nach der heutigen Auffassung der Menschheit, außerirdische Wesen. Sehen jedoch aus wie ihr! Ja, wie kommt das wohl? Gibt es überhaupt Wesen, Menschenwesen, die ursprünglich hier auf Erden erschaffen wurden? Und so eventuell reine »Erd-wesen« sind? Nein, sie kamen alle von außerhalb des Planeten Erde und sind dennoch Erdwesen. Erdwesen, die Menschen genannt werden.

Die Atlanter und Lemurier siedelten sich in großer Zahl auf Erden an. Beide waren fortgeschrittene Seelen und stammten von hochentwickelten Planeten in unserer Galaxie. Sie waren die beiden größten Bevölkerungsgruppen, die damals hier auf Erden existierten.

Die Energien ihrer früheren Planeten waren harmonisch und hochschwingend. Ihre Bewohner waren nicht den niedrigschwingenden, emotionalen und polaren Gegebenheiten, wie sie auf der Erde existieren, ausgesetzt. Dies ging auf Dauer nicht gut. Diese Völker konnten die Harmonie nicht aufrechterhalten. Sie erlagen der Emotionalität und dem Schwanken zwischen den Polaritäten. Neid, Gier, Eifersucht und Machtkämpfe entwickelten sich. Es entstand Streit, zuerst in dem jeweiligen Volk selber und dann auch zwischen den beiden Volksstämmen. Durch Missbrauch der fortgeschrittenen Möglichkeiten dieser Völker auf dem Gebiet der materiellen Gestaltung, sprich Materialisierung und Technisierung, kam es zu Konkurrenzkämpfen und langjährigen kriegsähnlichen Handlungen, bis schließlich beide Kontinente auf der noch jungen, sich gestaltenden Erde in den Ozeanen versanken.

Beider Völker waren unterirdische Gänge tief unter dem Meeresspiegel bekannt, wohin sie flüchteten und dort ihre Existenz neu aufbauten. Dennoch hatten sie nicht recht aus der Vergangenheit gelernt. Viele Wissenschaftler hatten ihre Integrität verloren und mischten sich in die Naturgesetze ein. Sie handelten aus dem Ego heraus ohne jegliche Rücksichtnahme auf den wahren Sinn der Ganzheitlichkeit. Schließlich gingen sie zu weit und vernichteten sich selbst.

Atlantis und Lemurien sind Geschichte und auf Erden machen wunderbare, rührende Erzählungen über beide Kontinente und die Fähigkeiten deren Bewohner die Runde. Wichtig für die heutige Menschheit ist, aus der Geschichte zu lernen. Es ist ohne Belang, ob jemals Reste dieser Zivilisationen irgendwo auf dem Meeresboden gefunden werden. Wichtig ist zu verstehen, dass sie sich durch ein Verhalten, das gegen die Naturgesetze, gegen die Schöpfungsgesetze, verstieß, selbst zerstörten. Dies ist eminent wichtig zu begreifen, denn was tut die heutige Menschheit? Sie ist dabei, den Planeten Erde zu zerstören. Sie ist dabei, den Ast, auf dem sie sitzt, abzusägen.

Die Umweltverschmutzung und -zerstörung führt zu einer Bedrohung der Lebensgrundlage auf diesem Planeten. Sie ist so weit fortgeschritten, dass es höchste Zeit ist umzukehren. Abgesehen von der schleichenden Vergiftung der Erde ist vieles von dem, was die Menschen tagtäglich nutzen und tun, nicht wahrhaft kontrollierbar, was die Vergangenheit auch deutlich gezeigt hat (Tschernobyl, Fukushima). Weltweit gibt es viele Kriege und Aufstände. Das Leiden ist groß. Die Menschen müssten es doch besser wissen. Dennoch machen sie weiter und bilden sich ein, alles kontrollieren und beherrschen zu können. Auch die Gentechnik. Vieles von dem, was sie tagtäglich betreiben, machen oder herstellen, ist nicht kontrollierbar. Nicht absehbar in der biologischen Gesamt- und

Wechselwirkung mit anderen Stoffen sowie unmessbar in den Kurz- und Langzeitfolgen für Mensch und Natur. Trotzdem werden diese Methoden tagtäglich in großem Maße eingesetzt. Neue noch nie da gewesenen Stoffe und Substanzen werden entwickelt, hergestellt und angewandt und damit rücksichtslos in die Natur und in die Nahrungskette gegeben, ohne diese Entwicklung je kontrollieren zu können. Es wird achtlos in Gottes Schöpfung, die Natur, wovon auch der Mensch ein Teil ist, herumgepfuscht.

Mensch, dies hier ist die Grundlage deiner Existenz auf Erden. Mit einigen Ausnahmen, lebst du, Mensch, völlig ohne Rücksicht auf Umwelt und Natur. Umwelt ist ein eigenartiges Wort, drückt es doch die Annahme aus, dass alles ausschließlich um den Menschen herum sei, statt sich bewusst zu machen, selbst ein Teil des Ganzen zu sein. Untrennbar. Umwelt? Ihr steckt mitten drin. Alles, was der Mensch erschafft (ja, auch durch dich) und ausstrahlt, sei es durch Gestaltung, Verhalten oder durch Gedanken, alles, ja alles kehrt ausnahmslos zu ihm zurück.

Die Erde befindet sich in vielerlei Hinsicht in einer besonderen Phase. Es ist für die Menschen höchste Zeit, aus der Vergangenheit zu lernen – von Atlantis, von Lemurien und aus der aktuellen Geschichte. Wenn die Menschen weiterhin so leben, als ob es kein Morgen gäbe, dann wird das möglicherweise auch für sie so sein. Erste Zeichen einer Wende sind sichtbar und machen große Hoffnung.

Einige, zum Teil noch sehr junge Menschen, stehen auf und handeln, reden mit Politikern und rütteln mit lauter Stimme wach. Viele junge Menschen sind sich der sich anbahnenden Katastrophe bewusst. Sind sich bewusst, dass Umkehr notwendig ist, und zwar jetzt, nicht erst morgen. Umkehren, ja! Aber richtig und jetzt!

Das alte Denken und Handeln möge beendet und neu über- und durchdacht werden. Alle Möglichkeiten der Erneuerung sind gegeben, jedoch durch das alte Paradigma zur Seite geschoben worden. Nur Macht (Geld), Gier (zu hohe Profite) und sogenannter Fortschritt scheinen wichtig und erstrebenswert. Fortschritt? Wohin wird denn fortgeschritten und mit welchem Ziel? Das Ziel ist, wie man hört, Wachstum. Wachstum, unaufhörliches Wachstum. Fortschritt bis der Mensch fort(-geschritten) ist? Wachstum bis zum Kollaps? Nichts natürlich Gewachsenes wächst unaufhörlich weiter. Das ist das leuchtende Beispiel der Natur.

Nachhaltigkeit scheint ein neues Wort zu sein, ist aber uralt. Ressourcenschonung ebenfalls. Beides ist zwar schön und gut, allerdings nicht ausreichend für eine wahre Umkehr. Wie lebten denn die indigenen Naturvölker noch so wunderbar im Einklang mit den Kräften der Natur? Immer um Austausch, um Ausgleich ohne Ausbeutung bemüht. Wer was nimmt, gebe was zurück. Ein gesunder Austausch auf allen Ebenen würde die Balance erhalten.

Jetzt muss das gestörte Gleichgewicht zuerst wieder zurückgewonnen werden. Jeder ist gefragt, auch du. Alt und jung, reich und arm. Bitte lernt von Atlantis und Heilung und Regeneration der Erde, der gesamten Natur inklusive Menschheit wird geschehen.

Die Erde und die Menschheit können aufsteigen in die nächste Ebene und tun dies bereits. In der dritten Dimension ist die Menschheit noch in einer beengten Wahrnehmung voller Zwänge und Ängste verhaftet. Lasst los und erweitert die Sichtweise!

Die dritte Dimension ist wie eine Schachtel oder ein Würfel aus Länge, Breite und Höhe und dazu der Zeit. Wer im Würfel verbleibt, stößt sich an allen Ecken, Kanten und Wänden und hat Angst davor, sich zu rühren, sich zu äußern, sich neu zu gestalten oder sich neu zu erfinden. Depression (Burn-out) und Ohnmacht machen sich breit – und damit ein Rückzug.

Wenn du meinst »Die machen das schon! Ich gebe die Verantwortung ab. Da kann ich nichts machen!«, dann ist die Frage: »Wenn nicht du und nicht jetzt, wer dann und wann?« Du fragst zurück: »Was soll ich denn machen? Was nutzt das schon, wenn ich etwas verändere?«

Die Antwort ist, dass jede positive Veränderung, die du bewirkst und ausstrahlst, einen positiven Effekt auf alles hat, letztendlich energetisch zu dir zurückkehrt und dich wiederum bei deinen weiteren positiven Handlungen unterstützt. So ist das Gesetz des Planeten und des Universums. Handelst du positiv zum höchsten Wohle aller, bewirkst du also mehr, viel mehr, als du ahnst. Dies gilt auch und nicht zuletzt im ganz alltäglichen Handeln.

Es fängt bei der täglichen Ernährung an. Möglichst natürliche, vollwertige Lebensmittel, die optimalerweise aus ökologischem Anbau stammen, mögen bevorzugt werden. Es folgt die Kleidung. Kaufe nichts, was du nicht (ge)brauchst. Es möge auf schonende, natürliche Herstellung und faire Wege bei der Verarbeitung und Vermarktung geachtet werden. Wie oft und womit wäschst du? Und so weiter. Die Tiere in den Meeren verenden durch Plastik und Plastikteilchen (Mikroplastik). Was trägst du zur Vermeidung bei? Was kannst du noch machen? Es steht bereits viel Information zu diesen Themen zur Verfügung. So informiere dich! Ja, informiere dich und handle, wenn nötig und möglich, neu ...!

Dann noch etwas ganz Wichtiges: Deine Gedankenwelt. Dein Input durchs Fernsehen. Dein Abstumpfen durch die vielen negativen Bilder. Nicht nur in den Nachrichten, sondern auch durch Krimis, durch Horrorfilme etc. Kann ein Krimi über Mord und Totschlag überwiegend positive Energie ausstrahlen und positiv ernähren? Wohl kaum! Horror erzeugt Horror.

Deine Sinnen, Gedanken und Visionen mögen mit schönen und positiven Ideen und Bildern genährt werden. Denke liebevoll über dich und alle anderen. Beende das Be- und Verurteilen von dir selbst und anderen. Jede(r) macht und tut im Grunde die Dinge so, wie er/sie es zurzeit kann. Unterstützt und helft einander beim Prozess des Heilwerdens. Gehe respektvoll mit dir selbst und den anderen um. Dies heißt nicht, dass du alles kritiklos hinnehmen sollst.

Jedoch ist z. B. tratschen im Sinne von schlecht reden oder meckern über nicht anwesende Personen, wie etwa dem Chef, der Kollegin oder dem Nachbar, völlig sinnlos und destruktiv. Ebenso erreichst du mit meckern über die Politik, das System, den Lärm etc. nichts und trägst nicht zur positiven Veränderung bei.

Wer meckert und/oder urteilt, fühlt sich scheinbar erhaben. Er wisse besser, wie es sein solle. Wenn dies tatsächlich so ist, dann werde aktiv. Sei konstruktiv, beeinflusse und ändere Dinge zum Positiven. Fange einfach an. Fange mit kleinen Schritten an. Höre jedoch auf zu meckern und zu urteilen.

Sobald du dein Bewusstsein über diese Sachverhalte vertiefst, bewegst du dich langsam aus der zu eng gewordenen dritten Ebene heraus in die nächste Dimension des Bewusstseins. Du wirst langsam zum Mit-Retter dieser Welt und zum positiven Mit-Gestalter dieser Welt. Du wirst zum Mit-Gestalter der Neuen Erde. Wie möge sie denn sein, diese Neue Erde? Was wäre dir wichtig? Mache dir Gedanken mit möglichst klaren, gefühlvollen Fantasien, Ideen und Bildern in großer Freude und tiefer Liebe. Fühle deine Liebe und Freude. Gestalte mit tiefen Gefühlen von Liebe und Freude ...!

Du bist so wichtig.
Du bist jetzt wichtig
Du warst immer wichtig
Du wirst immer wichtig sein

14

Die Pyramide – Kristallin werden

16.10.2019 – Dreamteam – Spüre meine Meister und konzentriere mich. Ohne jegliche Einleitung geht es los.

»Schau nach innen, schließe die Augen. Was siehst du?«

»Ich sehe ein goldgelbes Licht in einer gewissen Form. Etwas unklar von Kontur, jedoch deutlich als Pyramide wahrnehmbar. Sie ist auf Atlantis und befindet sich am Ende des Weges, auf dem wir beim Heiltempel stehen. Das Licht ist von lila-violetten Linien durchzogen. Jetzt entsteht eine klar sichtbare Pyramide vor den Bergen am Horizont und dahinter das Wasser, das Meer, das offene Meer. Ich sehe es nicht, weiß aber, dass es da ist. Vor der Pyramide scheint ebenfalls Wasser zu sein, das ich wie einen großen See wahrnehme. Das Wasser fließt um die Pyramide und unter dieser hindurch und ist Teil ihrer ganzen Kraft und Ausstrahlung.«

Strength korrigiert meine Wahrnehmung: »Du ›siehst‹ und ›spürst‹ das Wasser um und unter der Pyramide. Das ist richtig. Es ist allerdings so, dass das Wasser nicht auf der Oberfläche des Erdreichs liegt wie bei einem See, sondern das Wasser ist durch Wasserläufe, die in ganz bestimmter Art und Weise miteinander verbunden sind, unterhalb der Pyramide gestaltet, um so die Energiekraft der Pyramide zu erhöhen. Dies zentriert die Kraft im Zentrum der Pyramide zu einer unermesslich reinen, exakten Verbindung zu den Raumbrüdern*, die von oben aus dem Raum die Menschen auf Erden unterstützen.

Gehe jetzt bitte auf die Pyramide zu. Wir begleiten dich.« Ich stehe vor der Pyramide. Stufen führen hinauf und hinab. Ich schaue die Meister fragend an.

»Gehe zuerst hinunter.«

Ich gehe hinunter und lande in einen schmalen Gang, der leicht schräg nach unten führt. Es ist dort drinnen düster, aber nicht dunkel. Irgendwo scheint Licht herzukommen. Ich schaue hoch und sehe, dass eine Art Achse exakt durch das Zentrum führt, wodurch eine Verbindung zur Spitze der Pyramide entsteht. Hierdurch wird der Lichteinfall über eine Art Spiegelsystem gesteuert. Als ich in der Mitte innehalte, sehe ich, dass an den Seiten dieses Lichtkanals lichtreflektierende Kristalle eingearbeitet sind.

»Diamanten?«, frage ich die Meister und sie nicken.

»Ja, es sind hoch geschliffene Diamanten, die als Spiegel zum Einfangen des Lichtes funktionieren. Sie stehen wie Sterne an den Wänden und im Lichtkanal. So ist dieser Raum auch in der Tiefe soweit beleuchtet, dass alles für das Auge sichtbar ist.«

Die Ebenen scheinen mehrfach zu wechseln und schließlich erreichen wir einen großen, recht hellen Raum. In den Wänden sind unzählige kleine, reflektierende Kristalle verankert, wie die Sterne am Himmel, wie eingestreutes Licht. Es sieht faszinierend aus. So schön!

»Stelle dich in das Zentrum. Wir begleiten dich.«

Ich gehe ins Zentrum des Raumes. Dann wird mir plötzlich schwindlig.

Sofort sind die Meister bei mir. »Ruhig! Tief atmen! Ja, gut so ...! Die Energie ist an diesem Punkt sehr hoch und wahrlich umwerfend«.

Jetzt stehe ich da und spüre einen starken Sog nach unten und gleichzeitig nach oben. Es droht mich zu zerreißen. Dennoch fühlt sich diese Wahrnehmung vertraut an. Eigenartig vertraut. Ich schaue mich um und merke erschrocken, dass ich ganz allein bin. Die Meister sind verschwunden. Wieder droht mich der Schwindel zu überwältigen. Dann sehe ich, wie die Meister mit etwa gleichem Abstand zwischen einander an den Wänden stehen, während hin und her fließende Lichtbänder von Ihnen zu mir laufen.

»Lasse es zu, lasse es zu«, klingt es. »Schließe die Augen.« Ich habe das Gefühl zu schweben und mich aufzulösen.

»Nun denke an den Heiltempel und sei da.«

Schon stehe ich im Zentrum des Heilraumes! Etwas verwirrt, aber hellwach schaue ich die Meister fragend an. »Was war denn das?«

»Soeben hast du eine Dematerialisierung und dann eine Materialisierung bzw. Rematerialisierung erlebt. Damals konntest du das völlig selbstständig über weite Strecken. Wir haben dich mit Lichtenergie und Magnetenergie unterstützt, so gelang es uns gemeinsam. Arbeite bitte an deiner Kristallisierung, damit du diese Fähigkeit in dir stärkst und sie schließlich erlangst.

Die Menschheit möge nach und nach die Kraft der Kristallisierung, also kristallin zu werden und zu sein, wieder entdecken und entfalten und ihr Bewusstsein für ihre wahren Fähigkeiten auf diesem Gebiet entwickeln. Die hohe Magnetkraft, die so entwickelt wird, führt zu wahrhaft überraschenden Möglichkeiten und Fähigkeiten der Heilung, Teletransportation, Gestaltung und Energieaufladung.

So werde kristallin. Du bist ein Kristall. Dein Zentralmeridian, worauf alle Hauptchakren der Mittellinie liegen, ist kristalliner Struktur und ragt tief in die Erde und hoch über dich hinaus in die Atmosphäre zur Zentralsonne. So bist du als Erdenwesen zwischen Himmel und Erde eingebunden. Sämtliche Lichtstrukturen und Gitternetze in und um dich herum sind ebenfalls kristallin und darüber mit allem und allen verbunden. Alles ist eins. Du bist ein Kristall und kristallin mit allem Sein verbunden. Je kristalliner du wirst, desto stärker ist deine Einbindung und je weiter deine Entfaltung voranschreitet, desto kraftvoller ist die Auskristallisierung deines Seins, zu allen Zeiten, wo auch immer du bist und je sein wirst. Nichts geht je verloren. Dies gilt nicht nur für dich alleine, sondern für alle Menschenwesen, die die Entwicklung des Erwachens bewusst miterleben und -gestalten. So kann die wahre Neue Erde entstehen.«

So werdet kristallin
So erwachet
So gestaltet

15

SPIRIT – DER GROẞE GEIST

14. 11.2019 – Strength

Seit Anbeginn der Zeit war dieser Ort, dieser Planet, worauf die Menschen leben und sich entwickeln, für den sogenannten Aufstieg vorgesehen. Einen Aufstieg in die Liebe, zurück zu dem, was ihr wahrhaft seid, zurück zur Quelle, zu Gott, ohne Gefühle des Zweifels an dessen Existenz. Zurück zu dem inneren Wesenskern, zu der Seele, wo ihr einst den Kontakt zum Gottesbewusstsein verloren habt. Das Bewusstsein der Existenz einer höheren Kraft. Das Bewusstsein des All-Eins, der Quelle, des Spirits, des Großen Geistes oder einfach des Geistes.

Wer meint, Gott wäre nur in der Kirche zu finden oder etwa religionsgebunden, hat der Begriff »Gott« völlig missverstanden. »Gott ist tot« wird sogar gesagt und das bedeutet, dass der Kontakt zur Quelle, zumindest zurzeit völlig verloren ist. Der Name Gottes wurde durch die Zeiten hindurch schändlich missbraucht. Demzufolge ist das Wort »Gott« für viele Menschen leider äußerst negativ besetzt. Dennoch: Geist, Spirit, Logos, Gott – wie auch immer diese Kraft genannt wird – sie *ist* einfach. Ist und durchwebt alles im ganzen, unvorstellbar großen Universum. Du hast die Freiheit, diesen Geist, Spirit, diese unermessliche Energiekraft, so zu nennen, wie du möchtest. So wie es für dich stimmig ist.

Die Menschheit entwickelte sich langsam, aber stetig weiter. Es wurde akzeptiert, dass die Erde eine Kugel und keine Scheibe ist. Danach wurde akzeptiert, dass die Erde nur ein Planet von vielen und nicht das Zentrum des Universums ist, wie man früher noch dachte. Man nahm an, dass sich alle Himmelskörper (Mond, Sonne, Planeten, Sterne) um die Erde drehen. Die Erde und auch die Menschen würden damit eine zentrale Rolle im Universum einnehmen. Galileo Galilei wies nach, dass diese Annahme nicht haltbar ist und dass die Planeten und damit ebenfalls die Erde im Gegenteil um die Sonne kreisen. Galileis Weltbild stand im krassen Gegensatz zum von der Kirche akzeptierten Weltbild. Die Kirchenfürsten waren sauer, fühlten sich in ihrer Allmachtstellung als Zentrum des Universums und in der Gewissheit, dass der Schöpfer der Erde ihnen diese zentrale Stelle der Macht zugedacht hatte, angegriffen.

Nun ist es freilich so, dass das Ganze von der anderen Seite aufgezogen werden müsste. Der Schöpfer dieses Universums ist ebenfalls der Schöpfer von allem, was sich in diesem Universum befindet. So wie die Erde ein Teil des Universums ist, sind auch die anderen Himmelskörper, Sonnen, Monde, Planeten und Galaxien, Teile dieses Universums. Alles von der gleichen Schöpferkraft erschaffen.

Irgendwann vor langer, langer Zeit habt ihr das so wichtige Gottesbewusstsein verloren. Dieser Verlust ist für euch alle grauenvoll. Ohne Sinn und Zweck im inneren Sein – im inneren Wesen – zählt ausschließlich das, was gesehen, berührt und angefasst werden kann. Also das, was Materie genannt wird. Das, was die Wissenschaft als stets wiederholbar und beweisbar, als Wissen, als Erkenntnis, als Real bezeichnet und wissenschaftlich anerkennt. Und dies obwohl die Quantenforscher bereits vor gut hundert Jahren herausfanden, dass Versuchsreihen auf subatomarer Ebene durch Beobachtung, Betrachtung oder Messung beeinflusst werden. Und dies quasi das Ende der objektiven, exakten Wissenschaft bezeichnen würde.

Max Planck, ein bekannter deutscher Physiker und Begründer der Quantenphysik, hat gemeint, eine Grenze erreicht zu haben, wo Wissen(schaft) aufhört und das Geistige anfängt. Er war der Auffassung, dass wir hinter allem einen bewussten, intelligenten Geist annehmen müssen. Dieser Geist, dieser Spirit sei der Urgrund, die Matrix aller Materie.

Schon lange ist bekannt, dass Materie aus kleinsten Teilchen besteht, die Atome (heißt: unteilbar) genannt werden. In neuerer

Zeit fanden die Forscher nach dem Atom noch weitere kleinere Teilchen wie Elektronen, Neutronen, Protonen, Quarks, Strings ... Sie fanden ebenfalls heraus, dass Atome zum größten Teil aus leerem Raum bestehen, Energie halt. Die Wissenschaft hat festgestellt, dass alle Materie, auch der menschliche Körper, zu 99,999999999 % aus masseleerem Raum besteht. Schon sehr erstaunlich, nicht wahr? »Materie ist quasi nichts«, könnte man meinen, bis man sich den Kopf am Balken stößt!

Wissenschaft entstand ursprünglich, um die Welt, die Natur und den Sinn des Lebens zu verstehen. Philosophen stellten über die Jahrhunderte stets neue, weiterentwickelte Thesen auf. Manch ein Philosoph wurde zuerst von seinen Mitmenschen verhöhnt, wobei seine These Jahre später oftmals als wahr, sinnvoll und tragend anerkannt wurde. Bis dann wieder eine neue These erarbeitet wurde, die noch schlüssiger zu sein schien. Oft waren diese neuen Thesen und Fragen sehr umstritten und wurden von der Obrigkeit gar als gefährlich bezeichnet. Sokrates (469 bis 399 v. Chr.) wurde z. B. in Athen wie ein Verbrecher zum Tode durch den Giftbecher verurteilt, obwohl er nur die Wahrheit suchte. Wahrheitssuche und Erneuerung sind selten erwünscht.

Auch in der heutigen Zeit ist Erneuerung stets problematisch. Neugierde ist jedoch die Triebfeder der Menschheit und treibt sie unaufhörlich voran. Viele Wissenschaftler forschen heute inoffiziell an den großen Fragen des Lebens. In kleinen, geheimen Labors wird mit sehr viel Herzblut die sog. alternative Forschung vorangetrieben und eines Tages nicht mehr aufzuhalten sein. Sie geht weit über das hinaus, was heute als anerkannte Wissenschaft gilt und hat zurzeit leider (noch) keine Lobby.

Langsam verstehen immer mehr Menschen, worum es hier auf Erden wirklich geht. Die Quantenphysik hat mit der sog. Verschränkung gezeigt, dass Teilchen, die miteinander in Kontakt waren und danach tausende von Kilometern voneinander entfernt wurden, dennoch weiterhin miteinander kommunizieren und sich gegenseitig beeinflussen! Dies ist bahnbrechend für die Menschheit und trotzdem scheint sie (noch) nicht bereit dazu, daraus die gültigen Schlüsse zu ziehen. Nämlich, dass in der wahren Realität alles, aber auch wirklich alles, miteinander verschränkt und verbunden ist, quasi stets miteinander kommuniziert und zwar mit Lichtgeschwindigkeit und magnetisch.

So arbeiten, kommunizieren und vernetzen sich ebenfalls sämtliche Zellen im gesamten Energiefeld des menschlichen Körpers. Mit der heutigen Apparatur ist diese Kommunikation im EEG (Elektroenzephalografie) durch die elektrische Aktivität des Hirns sehr gut darstellbar, wie auch die elektrische Aktivität des Herzens im EKG (Elektrokardiografie).

Alles liegt für euch bereit. Auch wunderbare Heilmittel gegen sog. unheilbare Krankheiten liegen im Geheimarchiv bereit. Wenn alle Menschen sanft balancierend geheilt werden könnten, wäre das doch für alle das höchste Gut! Wirklich? Für alle? Wenn Energie (ohne jegliche Schadstoffe) frei verfügbar wäre, wäre das doch die Rettung. Das wollen doch alle, wundervoll! Wirklich? Wollen das alle?

Noch ist die Menschheit scheinbar nicht für Heilung im inneren und im äußeren Sein bereit. Sprich: im Körper und Geist und im emotionalen Erleben sowie in den planetaren Aspekten.

Noch sind die Macht des Geldes und das damit zusammenhängende (jedoch sinnlose) Wirtschaftswachstum das, was rücksichtslos gepusht wird. Dabei ist zu berücksichtigen, dass die wahre Macht des Geldes inzwischen in erschreckend wenigen Händen liegt.

Dieses System vernichtet aber nach und nach sämtliche Ressourcen der Erde (Erdöl, Gas, Wald, Torf etc.) und überhäuft den Planeten mit enormen Bergen Müll von nie da gewesenem Ausmaß (Elektroschrott, Plastik, Chemie- und Atommüll etc.). Dem muss dringend Einhalt geboten werden. Die Menschen mögen bitte verstehen, was auf dem Spiel steht und warum gehandelt werden muss und zwar zum höchsten Wohle aller.

Höher, größer, mehr und besser sind Antreiber der Vergangenheit. Jetzt geht es um Ausgleich, um Balance, um Frieden, um Mitgefühl, um Verständnis und ja, um Liebe. Wir haben gesehen: Alles ist auf Quantenebene verwoben und verschränkt. So ist alles Eins, auch wenn es in der menschlichen Wahrnehmung noch so getrennt zu sein scheint.

Alles ist da,
damit ihr erfahrt,
damit ihr euch entwickelt,
damit ihr handelt,
damit ihr in Liebe handelt,
damit ihr zum höchsten Wohle aller handelt,
damit ihr letztendlich begreift,
dass die Rede
»ALLES-IST-EINS«
eine unermesslich große und
unumstößliche Wirklichkeit ist.

Alles ist in Spirit und Spirit ist in allem.

16

Erschaffung von Materie

25. November 2019 – Das Dreamteam meldet sich und wir reisen in die Bibliothek.

Edward begrüßt uns voller Freude. Hinten im Raum sitzen alle Mitglieder »meines Teams« an dem runden Tisch. Wir begrüßen uns.

Strength bedeutet Ruana, uns zu begleiten und schon geht er vor. Edward verneigt sich kurz und verschwindet.

Wir gehen durch vernetzte Korridore und Gänge und halten in einem offenen Raum. Strength bittet mich, am Rand stehen zu bleiben. Ruana und er gehen in das Zentrum des Raumes. Sie reichen sich die Hände und scheinen dann etwas zu formen. Erstaunt schaue ich zu. Sie gestalten etwas Durchsichtiges, sehr Hohes. Was ist das? Nun kann ich es erkennen. Sie gestalten, formen einen riesigen Kristall, so klar wie Glas. Sie konstruieren ihn aus »nichts«. »Wie ist dies möglich«, denke ich erstaunt. Die beiden bemerken meine Verwirrung und fangen an zu lachen.

Ich bin irritiert. Was soll das? Laut sage ich: »Bitte erkläre mir, was ihr gerade gemacht habt und wie.«

»Siehst du nicht, was wir gemacht haben?«, fragen sie erstaunt.

Ach, wie recht sie haben. Ich habe mich nicht klar ausgedrückt. Natürlich sehe ich, dass sie einen Kristall gebildet haben. »Okay, bitte erkläre mir, wie ihr aus nichts, scheinbar nichts, einen glasklaren Kristall geformt habt.«

»Oh, das ist ganz einfach! Wir stellen uns den gewünschten Kristall vor und stecken die Außenlinien qua Form, Gestalt und Größe mit den Handbewegungen ab und schon ist der Kristall da.«

»Könnte ich das auch?«

»Na klar, könntest du das auch. Allerdings fehlt dir zurzeit die notwendige Vorstellungskraft, etwas materialisieren zu können. Du musst lernen, zutiefst an deine dementsprechenden Fähigkeiten zu glauben und diesen zu vertrauen. Ohne jeglichen Zweifel. In vollem Wissen, in vollem Bewusstsein, in der vollsten Überzeugung, dass dies völlig normal ist. Mit tiefem Glauben an deine Göttlichkeit gelingt dir dies sofort. In gleicher Weise wie zum Beispiel ›Sai Baba‹* Schmuck ohne jegliche Anstrengung manifestierte. So hast du damals ebenfalls gearbeitet, denn du bist ich und du bist Ruana. So sind wir eins und was wir können, kannst du auch. Vertrauen und Wissen und tiefer Gottesglauben ist der Schlüssel.«

Ich schüttle verwirrt den Kopf. »Ich bin zwar scheinbar das alles und dennoch wiederum nicht. Was soll das? Ich kann das nicht. Basta.«

Sie schauen mich traurig an und sagen nun sehr ernst: »Weißt du, Margaretha, solange du sagst, denkst und fühlst, dass du das nicht kannst, wird dies auch so sein. So gestaltet ihr Menschen eure Realität, euer Erleben und auch eure Zukunft. Hättest du nie gelernt, dass eine materielle Manifestation aus dem sogenannten Nichts unmöglich ist, hättest du nicht gezögert, sondern voller Freude und voll Vertrauen gerufen: ›Und jetzt ich!‹ und einen Kristall gestaltet, so wie du ihn dir vorstellst. So einfach ist das im Grunde.

Je kristalliner du wirst, desto besser kannst du diese Ziele erreichen. Werde tief kristallin. Sei voll Vertrauen. Voll Gottvertrauen. Voller Vorstellungskraft. Nur so könnt ihr erschaffen. Nur so könnt ihr die Neue Erde erschaffen. Eine Neue Erde voller Liebe, Freude und Spiritualität (Spirit heißt Geist!). Ein Garten Eden, wo jede/r seine/ihre Fähigkeiten und Gaben in großer Freude teilt.«

Jetzt kommen beide zu mir. »Komm, fass den Kristall an, berühre ihn.«

Ich lege meine Hände auf den Kristall, fühle die Kühle und ein leichtes Vibrieren im Inneren des Kristalls. Ich schließe die Augen und spüre hinein. Als ich die Augen wieder öffne, sehe ich das

Kristallwesen. Tatsächlich, auch ein manifestierter Kristall hat eine Kristallseele!

»Ach, ist das schön«, seufze ich dankbar, »es lebt!« Ich sehe mich nach den beiden um. Sie schauen mich nun sehr liebevoll an. Der leichte Spott des Anfangs ist völlig verschwunden.

»Ja, der manifestierte Kristall ist genau so lebendig wie ein natürlich gewachsener Kristall. Der Vorteil ist, dass künstlich gewachsene oder manifestierte Kristalle eine unglaubliche Klarheit und Reinheit ohne jegliche Trübung besitzen. Solch klare Kristalle waren in Atlantischen Zeiten für die Arbeit mit hohen Energien und Informationen extrem wichtig. Trübungen hätten leicht zu Verzerrungen der Information oder gar zu Explosionen führen können. Daher war die Materialisierung von Kristallen in Form und Größe, wie sie in Forschung und Lehre benötigt wurden, die gängigste Form der Herstellung. Gleich danach kam das künstliche Wachstum der Kristalle. Sie waren oftmals kleiner als die manifestierten Riesenkristalle.«

»Wieso ist es möglich, Materie aus nichts zu erschaffen?«, frage ich.

»Weißt du, Margaretha, das sogenannte ›Nichts‹ gibt es nicht. Alles was ist, besteht aus Energie, welche u. a. aus Atomen besteht, und diese wiederum bestehen aus Elektronen, Neutronen, Protonen, Quarks, Strings, usw. und aus sogenanntem leeren Raum (zu 99,999999999 %). Sobald jedoch eine Handvoll Atome genommen und damit quasi gestaltet wird, entsteht Masse, also Materie, in welcher Form auch immer.

Halte mal die Handinnenflächen dicht aneinander und ziehe die Hände dann etwas auseinander. Was nimmst du wahr?«

»Ja, da bildet sich etwas, das einen gewissen Widerstand aufbaut.«

»Exakt. So zeigt sich, dass da quasi Materie ist. Jedenfalls nicht ›nichts‹, sondern ›etwas‹. Wie bereits erwähnt, arbeite daran, hoch kristallin und magnetisch zu werden und zugleich voller Liebe und voller Gottvertrauen zu sein. Übe, wachse und entfalte dich und sei (werde) so rein wie ein glasklarer Kristall.

Komm, nun gestalten wir rückwärts, lösen den Kristall also wieder in seine einzelnen Bausteine auf. Nein, gehe nicht so nahe heran. Halte einen guten Abstand. Ja, so ist es in Ordnung. Wir wollen sicher stellen, dass du so bleibst, wie du jetzt bist ...!«

Ich mache schnell noch einige Schritte rückwärts und schaue dann zu. Auch sie schreiten zurück. Machen besondere Bewegungen mit den Händen und scheinen Sprüche zu sprechen und schon verschwindet der Kristall und ist weg.

Wir gehen zurück zu den anderen und verabschieden uns.

Ich gehe zurück zur Erde. Ich bin noch etwas verwirrt über das, was ich erfahren durfte. Klar wusste ich über Manifestation oder Materialisation Bescheid. Allerdings nur in der Theorie. Es jetzt hautnah zu erleben, ist etwas anderes. Und ich, ich könnte das auch!? Wenn ich nur ...! Tatsächlich könnten wir das wohl alle, wenn wir nur ...! Ja, besonders!

17

DIE GEBANNTE FEE

25.11.2019 – Dreamteam

Heute ist ein besonderer Tag. Gemeinsam durften wir eine Fee (Erdengel), die in einem alten Garten gebannt worden war, nach langen, langen Jahrzehnten befreien. Sie war in eine kleine, dunkle, haarige Gestalt mit rot-funkelnden Augen gebannt. Wir freuen uns riesig, dass wir durch dich diese besondere Fee erlösen durften!

Gestern hast du im alten Gärtner-Topfhaus des Alten Gartens dieses dunkle haarige Wesen mit rot-funkelnden Augen »gesehen«. Hast gespürt, dass es nicht wahrhaft böse ist. Du hast uns dazu gerufen und uns gebeten, dieses Wesen zu entfernen und um eine eventuelle Transformation oder Heilung, je nachdem was nötig und/oder möglich ist, gebeten. Du bist dann später noch zu dem Platz gegangen, wo du das Wesen gesehen hattest. Wir hatten es auf dein Bitten hin bereits hochgenommen. Die Restenergie war allerdings noch da und das spürtest du.

Dann kam es mit zu dir. Du fühltest dich todmüde und erschöpft. Dir kam allerdings nicht die Idee, dass dieses Wesen mit dir gekommen sein könnte und seine ungewohnten Energien dich begleiteten und störten. Erst am nächsten Tag merktest du, was wirklich los war und so konnten wir dann gemeinsam weiterarbeiten und die Fee, den Erdengel, aus dem Bann erlösen. Du warst die Brücke und zugleich Augenzeugin des Geschehens und konntest kaum glauben, was du wahrnahmst. Aus dem schwarzen, haarigen, gedrungenen Wesen befreite sich eine große, weißleuchtende Feengestalt. So wunderbar. Vor langen Jahrzehnten war sie durch Widersacherkräfte in diesem dunklen Wesen gebannt worden.

Sie ist so dankbar und hat ihren angestammten Platz auf dem großen Stein im Alten Garten vollends glücklich wieder ein- und ihre Arbeit aufgenommen. Der Baumfaun kam ebenfalls mit und nach der Erlösung der Fee ging auch er zurück zu seinem vertrauten Platz. So sind jetzt alle wieder glücklich.

Die Arbeit mit den Elementarwesen wird in der jetzigen Erdenzeit fortwährend von stets höherer Bedeutung und Wichtigkeit sein. Die Anzahl der speziellen Elementarwesen, die reine Träger der Christuskraft sind, nimmt rapide zu. Du hast sie vor einiger Zeit näher kennengelernt, nicht wahr? Sie sind so voller Liebe und Freude und Christuskraft und bringen besondere Heilkraft auf Erden. Das macht große Hoffnung ...!

Wenn du jetzt noch die »verlorenen Seelen«* im Gebäude befreist und mit uns gemeinsam ins Licht begleitest, kann endlich Frieden im Topfhaus sein. Achte auch auf die vorhandenen, gequälten Tierseelen. Rufe, wenn du arbeitest, bitte uns und dein Team in großer Besetzung wie gehabt dazu.

So sei es.

Nachtrag:
Einige Tage später haben wir nachts per Fernheilung eine große Anzahl von Seelen (ca. 20) im Topfhaus vorgefunden, diese einzeln ins Licht, zurück zur Quelle, begleitet und anschließend die dortigen, verlorenen Tierseelen befreit und ihrer Bestimmung zugeführt. Die Räumlichkeiten wurden energetisch gereinigt und mit reiner bedingungsloser Liebe gefüllt. So ist Frieden im Gärtner-Topfhaus eingekehrt.

18

Ungeheilte Wunden und Muster

15.12.1019 – Dreamteam

In früheren, alten Zeiten wurden die Menschen klein gehalten. Klein im Sinne von ohnmächtig. Im Sinne von ohne eigene Macht. Das Wissen, die sogenannte Weisheit, die sogenannte Wahrheit und die Macht lagen in den Händen der Obrigkeit, den Herrschern und den Kirchenfürsten. Die Kirche, die Kirchenfürsten, beurteilten und bestimmten, was richtig und falsch war. Sie erfanden die Möglichkeit der Beichte und Absolution und missbrauchten diese Macht schändlich. Wie auch die weltlichen Herrscher mehrfach das Volk ausnutzten, indem sie ihm viel zu hohe, oftmals ungerechte Steuern abverlangten und bei Nichtzahlung (nicht zahlen können!) hohe Strafen auferlegten.

Sowohl die kirchliche als auch die weltliche Macht, hielten das Volk dumm. Nur Arbeit wurde ihm abverlangt, schwere Arbeit. Es wurde Hunger gelitten und noch mehr gearbeitet, um diesen stillen zu können. So war überhaupt kein Raum, keine Zeit für Nachdenklichkeit, Selbstreflexion und Entfaltung. Nur das bloße Überleben und das schlichte Existieren waren möglich. Durchhalten, aushalten, ducken und gehorchen waren scheinbar die einzigen Möglichkeiten, überhaupt zu überleben.

Wem nutzte dieser Zustand? Es nutzte nur denjenigen, die forderten und abverlangten und denjenigen, die dies ermöglichten; also den Herrschern – seien sie weltlich oder kirchlich – und deren Handlangern. Im Namen des Königs oder im Namen Gottes wurde das Volk geknechtet und ausgenutzt. Das Volk trug große Schuld auf den Schultern, denn die Beichte wurde korrupt. Nur wer Geld hatte, konnte sich regelmäßig von Schuld befreien, indem er sich freikaufte. Die Kirchen wurden reich und prächtig, die Kirchenfürsten mächtig. Die höheren Klassen scheinbar frei von Schuld. Das gemeine Volk dagegen trug schwer an kleinen Vergehen wie einen Apfel oder ein Brot zu stehlen, wenn der Hunger allzu groß wurde.

Diese sog. Schuld des Volkes, dieses sog. Sündig-Sein, Schmutzig-Sein, Unwert-Sein, wirkt sich bis in die heutige Zeit aus und macht Manipulation überhaupt erst möglich. Die Menschen fühlen sich klein, machtlos und unwürdig, nicht gut genug. Sie geben diese Muster ihren Kindern weiter, Generation um Generation. Dies möge gestoppt werden.

Daher ist es so wichtig, dass Heilung geschehen darf. Dass jede(r) schauen und fühlen und wissen darf, was und wer er/sie tatsächlich ist. Damit jede(r) die Verantwortung für sich selbst und sein/ihr Leben übernehmen kann und übernimmt. Selbstbestimmt, eigenverantwortlich und frei lebt.

Jede(r) von euch ist eine wunderbare Seele, die zurzeit einen Erdenweg geht. Eine Seele, die einen Menschenkörper annimmt. Sich inkarniert und als kleines, hilfloses, abhängiges Wesen, als Baby aus dem Mutterleib geboren wird und das Erbe von den Ahnen beider Seiten, von Mutter und Vater trägt. Die Ahnen suchen Heilung und projizieren ihre noch ungeheilten Themen über die Eltern auf das Neugeborene. Was die Eltern nicht heilen oder heilten, geht, zumindest zum Teil, weiter zum Kind. Dieses hat die Möglichkeit und die Weisheit mitbekommen, die Ahnen zu fühlen, in einer Art, die Heilung durch das heranwachsende Kind ermöglicht, ohne dass großes Leid entsteht. So kann Heilung für das Kind und die Ahnen entstehen.

Wenn allerdings die Eltern und/oder das Umfeld dem Kind die benötigte Unterstützung versagen, Liebe und Zuwendung fehlen, das Vertrauen fehlt, dann wird das heranwachsende Kind so viel mit seiner eigenen Entwicklung zu tun haben, dass die Ahnen warten müssen, aber trotzdem drängen werden.

Im positiven Falle sind die Eltern also so heil wie möglich und unterstützen die Entwicklung des Kindes so liebevoll und vertrauensvoll wie nur irgend möglich. So möge jede(r) seine/ihre Themen und Muster anschauen und Wunden heilen.

Jede(r) heile seine/ihre eigenen Verletzungen und Schmerzen ohne jegliche Schuldzuweisung. Denn um Schuld geht es nicht und ging es nie. Beichten an sich ist in Ordnung. Erleichtert und befreit es doch das Herz und hilft zu verstehen. Die Verantwortung jedoch, trägt jede(r) selber.

Die Erteilung der Absolution, der Freisprechung, ist für einen Menschen, auch wenn er ein noch so hoher Gottesdiener ist, unmöglich. Gott urteilt nicht. Gott straft nicht. Gott ist Licht, ist Liebe, reine bedingungslose Liebe. Wie sollte Liebe urteilen, verurteilen, strafen? Es geht stets darum, dass jede(r) selber verantwortlich ist. Selber die Verantwortung für sein/ihr Handeln, bzw. Nicht-Handeln, trägt. Wird eine Handlung von ihm/ihr selbst als unrichtig erkannt, entscheidet er/sie neu. Handelt dann so, wie er/sie fühlt, erkennt, dass es für ihn/sie stimmt, stimmig ist.

Die Menschen auf Erden haben den freien Willen und leben dabei in einer Welt der Dualität, der Polarität. Jede Form der Polarität ist in jedem Menschen angelegt. Wer in Liebe lebt, trägt trotzdem das Potenzial zum Töten in sich. Stets ist alles in Polarität vorhanden und vermischt sich darüber hinaus oftmals mit verschiedenen Emotionen.

Die letztendliche Harmonisierung der Polaritäten und der Emotionen in jedem Einzelnen ist insgesamt eine sehr große Herausforderung für die Menschheit! Der Weg der Harmonisierung durch die vielen verschiedenen Inkarnationen hindurch, dient jedoch der Entwicklung des Menschen, der Erde sowie dieser Galaxie und dient letztendlich dem ganzen Universum und der gesamten Existenz. Alles ist verbunden. Alles ist Eins. Auch du selbst und das Universum sind verbunden und sind Eins.

Du bist eingeladen zu verstehen,
Du bist eingeladen zu handeln,
Verantwortung zu übernehmen,

heilende, harmonisierende Schritte zu gehen
für dich und für alle.
Du bist wichtig,
Du bist so wichtig!
Du warst immer wichtig!
Du wirst immer wichtig sein ...

19

Selbstliebe

23.12.2019 – Dreamteam

Der erste Schritt in Richtung Heilung der Menschen und des Planeten ist es, die Bedeutung der Selbstliebe zu verstehen. Die Selbstliebe zu finden, sie anzunehmen und zu leben.

Selbstliebe, die Liebe zu dir selbst. Klingt egoistisch, nicht wahr? Ist es jedoch keineswegs. Im Gegenteil, die Liebe zu dir selbst ist essenziell für die Liebe und das Verständnis in und zwischen den Menschen. Sie ist gar essenziell für die Entwicklung des Planeten Erde.

Die Menschen mögen alle verstehen, wie wichtig es ist, sich selbst zu lieben. Sich selbst zu vertrauen, zu lieben und zu schätzen, Wert zu schätzen. Statt sich in Zweifeln, Ablehnung oder Abwertung zu verirren, in Gefühlen wie »ich bin nicht gut genug«, »ich kann/schaffe das nicht«, mögen die Menschen sich erlauben, sich selbst zu lieben. Sich selbst in größtem Vertrauen und höchster Wertschätzung zu lieben.

Die Muster, die als Folge von Selbstzweifel, Abwertung, Ablehnung und Scham entstanden, mögen geheilt werden. Liebe und Selbstliebe sind als erste Schritte notwendig. Sie sind die Basis, auf der weitere Heilung aufbauen kann.

Beachte, dass hier keine Rede von romantischer Liebe ist. Wir sprechen von einer Liebe, so bedingungslos, wie sie auf Erden nur irgend möglich ist. Von einer Liebe, die nicht personengebunden ist, sondern allumfassend, bedingungslos. Das gibt es nicht? Doch das gibt's!

Selbstliebe, was ist das?

Selbstliebe – die Liebe des Selbst, der Seele – ist die Liebe, die wir Menschenwesen mit auf die Erde bringen und in uns unerschöpflich vorhanden ist.

Selbstliebe ist die Liebe des Selbst. Das Selbst ist die wahre Essenz dessen, was der Erdenmensch in Wahrheit ist. Solange die Menschen im Einklang mit der Natur und der Schöpfung lebten, war Selbstliebe kein Thema. Sie wurde schlicht und selbstverständlich gelebt.

Zurzeit haben sich die meisten Menschen selbst verloren, bzw. den Kontakt zu sich selbst. Sie haben sich völlig von sich selbst entfremdet und leben hauptsächlich im Kopf. Das heißt: Sie wissen, sie denken, sie kennen und sie speichern Wissen und Informationen. »Ja, das weiß ich. Ich habe das gelernt, gelesen. Ich denke dies/ jenes ...«

Fühlen geht allerdings nicht durch den Kopf, nicht durch den Monkey-Verstand, denn das ist größtenteils der Egoverstand. Ego fühlt nicht. Verstand auch nicht. Das Herz hat die Weisheit. Fühlen geht über das Herz, das Herzzentrum, über die Mitte des Körpers, das Zentrum des Seins. Der Sitz des Selbst, der Seele, die wahre Essenz dessen, was die Menschen wahrhaft sind.

Wenn die Menschen keinen oder nur noch geringfügigen Kontakt zu sich selbst, zur eigenen Seele, haben, sind sie nicht mehr bei sich und verlieren sich. Sie fühlen sich verlassen und einsam, unverstanden und alleine gelassen. Oft kommen Angstgefühle und Depression dazu.

Der Weg zurück ist einfach und doch so schwer. Der Egoverstand ist mächtig und dominant geworden. Jeder Versuch des Einzelnen, den Rückzug anzutreten, zurück zu sich selbst, zurück zur Selbstliebe, stellt für den Egoverstand eine große Bedrohung dar. Existiert er doch nur aufgrund der Irrungen der Menschen.

Gesunder Verstand ist hilfreich und unterstützend. Mit dem Verstand kann unter anderem gehandelt und gelenkt, eine Aufgabe gelöst oder ein Haus, eine Maschine gebaut werden. Eine Idee umgesetzt werden. Der Verstand kann in Form von Gedankenkraft, z. B. im Körper Energien oder die Atmung lenken. Der Verstand im Sinne von »Mind«*, also verbunden mit Geist (Weisheit/Spirit), als eine Art von »Mindfulness« wahrgenommen, ist wunderbar. Dieser Mindfulness (Achtsamkeit) führt zusammen mit dem Reichtum des Selbst – was auch das sogenannte Bauchgefühl und die Intuition beinhaltet – zur Ganzheit des Seins.

Der Anfang des Weges zurück zur Ganzheit ist »Fühlen«. Fühlen – bei allem was du tust im Kontakt mit dem ganzen Körper sein. In Einklang im Innen und Außen kommen. Alle deine Körper, seien sie physisch oder feinstofflich*, fühlen und wahrnehmen. So übe die Bereitschaft zu fühlen, was ist. Was unterstützt dich, was unterstützt dich nicht, was stört dich gar. Fühle. Nehme wahr. Wo spürst du Druck, wo Blockaden. Fühle in dir, nach innen. Wichtig ist es, dieses Fühlen/Wahrnehmen nicht auf anderen zu projizieren. Bleibe bei dir. Es sind deine Gefühle, deine Wahrnehmung dessen, was ist.

Wenn jemand etwas zu dir sagt und du fühlst dich dadurch verletzt, bleibe bei dir. Es sind deine Gefühle. Deine Gefühle liegen in deiner Verantwortung. Horche, fühle nach innen. Dein Körper »redet« mit dir. Sendet vielleicht Bilder. So fühle, nehme wahr, nehme fühlend wahr, ohne Gedanken, ohne zu benennen, ohne Be- oder Verurteilung. Nehme einfach fühlend wahr, was ist. Sei achtsam.

Haben wir den Kontakt zu uns selbst verloren, hören und fühlen wir auch unseren Körper nicht mehr. Dies führt dazu, dass wir die Signale und Warnungen unseres Körpers nicht wahrnehmen. Was tut der Körper dann? Was würdest du tun, wenn du der Körper wärst? Würdest du andere Wege finden, die Aufmerksamkeit auf dich zu richten, damit du beachtest und wahrgenommen wirst? Würdest du etwa lautere oder deutlichere Signale setzen oder vielleicht gar eine körperliche Störung manifestieren? Damit du als Körper gehört und wahrgenommen wirst, damit eine liebevolle Harmonie wiederhergestellt werden kann?

So hängt alles zusammen und Selbstliebe ist der Heilpunkt. Das Selbst (die Seele) ist da und voller Liebe, voller wahrer bedingungsloser Liebe. Das Selbst muss nicht erzeugt werden. Es ist da. Diese große bedingungslose Liebe ist für dich da und wartet auf dich. Dein Selbst, deine Essenz - oder deine Seele, wenn du so willst - ruft dich unaufhörlich.

So fange an. Fange mit kleinen Schritten des Fühlens und des Wahrnehmens an. Nehme immer wieder kleine Momente Zeit, um zu fühlen. So alle zwei Stunden, einige Minuten, zwei bis drei Minuten. Wirklich fühlen, dich einlassen, wahrnehmen, zulassen, ohne etwas zu benennen oder zu beurteilen. Fühle, erlaube dir zu fühlen. In der Tiefe deines Körpers zu fühlen. Nehme wahr und fühle. Was du auch findest, lasse es zu, lasse es zu, da zu sein, fühle es, nehme es wahr, nehme es an. Lasse es dann wieder los.

Mache diese Wahrnehmungsübung über längere Zeit und langsam auch häufiger und länger. Irgendwann wirst du wieder stets wahrnehmend in deinem Körper leben können. Stets im Einklang mit dir selbst sein, in liebevoller Harmonie. Jede eventuelle Disharmonie wirst du sofort spüren und dementsprechend reagieren, ausbalancieren und heilen können.
So wachse und heile dich und finde die Selbstliebe. Wisse, dass du Liebe bist. Wie willst du andere Menschen - samt ihren Schwächen und Stärken - wahrhaft lieben, wenn du nicht zuerst (wieder) lernst, dich selbst - mit all deinen Stärken und Schwächen - zu lieben. Das ist keineswegs egoistisch. Es ist essentiell für deine Entwicklung und ebenfalls für die Entwicklung der Menschheit und des Planeten Erde mit all seinen Lebewesen.

Erlaube dir, dich zu lieben und so im größten Vertrauen und in größter Wertschätzung zu leben. Lebe diese Liebe in größter Selbstverständlichkeit. Erinnere dich, dass du Liebe bist, dass du Seele bist. Wenn viele in diesem Bewusstsein leben, dann wird es Frieden und Liebe auf Erden geben und die wahrhafte, möglichst bedingungslose Liebe kann sich endlich auf Erden entfalten und dabei bis ins Unermessliche ausdehnen ...!

So kann durch dich und dich, durch euch,
die Erde einen Planeten der Liebe,
des Friedens und der Harmonie werden und
lichtvoll, liebevoll und kraftvoll
in das gesamte Universum hinausstrahlen.

Alles ist Eins.

TEIL DREI

Träger des Lichts

Alle sind eingeladen
ihren Anteil beizutragen
zu der Entstehung der Neuen Erde.
Jede Person, wie sie kann, egal wo.

Jeder Lichtfunken der Liebe,
sei er noch so klein,
ist ein höchst wichtiger Beitrag
und von unschätzbarem Wert
für das Ganze.

Zeige dich
Zeige dein Licht
Zeige deine Liebe.
Traue dich

Jetzt

20

Das Jahr 2020 – Öffnet die Herzen!

07.01.2020 – Dreamteam

Es ist nun so, dass das neue Jahr 2020 erst einige Tage alt ist und schon so viel durcheinandergebracht und sich vielerorts bereits recht turbulent gezeigt hat. Es ist ein Jahr des Ausgleichs und zugleich der Polarität. Ein Jahr der Weisheit und der Dummheit. Reichtum, Fülle und Armut – sämtlich Polaritäten prallen aufeinander und wetteifern um die Vormachtstellung.

Beachte: nicht das Jahr macht es, sondern die Energiefrequenzen dieses Jahres zusammen mit den konträren Energiefrequenzen der jetzigen Menschen im Allgemeinen. Liebe, Gnade und Mitgefühl sind die positiven Botschafter, während Gier, Ausbeutung und Macht(missbrauch) die negativen Botschafter sind. Die Polaritäten sind ungemein stark.

Was wollen die Menschen, wohin geht ihre Aufmerksamkeit, worauf richten sich ihre Gedanken? Ist es Mangel oder Fülle? Mangelgedanken fördern das Gefühl, ein Opfer zu sein. Das »Arme-Ich«-Gefühl erzeugt Unzufriedenheit und Unzufriedenheit neigt zur Schuldzuweisung und Groll. Manche suchen den Fehler bei sich. Viele, sehr viele, suchen die Schuld bei den anderen und erzeugen Feindbilder: die Politik, die Gesellschaft, die Behörden, der Arbeitgeber, die Eltern, die Freunde, das System. Feindbilder sind äußerst destruktiv. Das hat nicht nur die deutsche Vergangenheit deutlich gezeigt.

Deshalb ist es uns und mit uns unsagbar vielen anderen Geist- und Meisterwesen so wichtig, dass ihr – die die Liebe tragt und bereits so vieles verstanden habt – euch dieser aufeinanderprallenden, polaren Energiepole bewusst seid. Somit habt ihr die Möglichkeit, die Pole, wo immer ihr seid, bewusst zu harmonisieren.

Der Minuspol möge sich in Richtung Mitte bewegen und der Pluspol möge zwar weiterhin den Anspruch der Bedingungslosigkeit der Liebe anstreben, dennoch aber auch eher in Richtung Mitte tendieren. Vorerst jedenfalls. Zuerst wird in der jetzigen Zeit eine Harmonisierung benötigt und zwar vor allem eine Harmonisierung des Minuspols. In und mit diesen harmonisierenden, tragenden Tendenzen kann und wird dann Heilung geschehen, sobald sich auch nur eine geringfügige Öffnung der jeweiligen Herzen zeigt. Denn die Liebe im Herzen, die Selbstliebe, ist der Dreh- und Angelpunkt.

Bitte helft, die Herzen zu öffnen, die Mauern fallen zu lassen, die Panzer zum Schmelzen zu bringen, die Masken [Maske*Carl Jung] abzunehmen und das Schneckenhaus zu verlassen. Vergebung spielt dabei eine große, befreiende Rolle. Vergebung für euch selbst und für die anderen. Groll und Schuldzuweisung beruhen auf Angst und verschließen das Herz. Die alte Zeit der Angst, der Hemmung, des Karmas ist vorbei. So arbeitet bitte an die Entstehung und Manifestation dieser neuen Phase voller noch nicht da gewesener Chancen und Möglichkeiten.

Möge diese Zeit der Wandlung, der Transformation, von möglichst bedingungsloser Liebe und zugleich von der Annahme dessen, was ist, getragen sein. Was ist, ist. So nehme es an, voller Liebe. Wohl wissend, dass jede und jeder und alles stetige Änderung und Wandlung erfährt. Nichts bleibt, wie es ist. Und dennoch: Ihr seid die Schöpfer. Durch eure Gedanken, Ideen, Worte und Meinungen erschafft ihr die Realitäten in eurer Welt. So seid sehr achtsam und übt eine gewisse Kontrolle über eure Gedanken und eure Ausdrucksweise aus. Seid und werdet euch eurer Gedanken und eures Ausdrucks bewusst. Scheinen sie negativ, – so denke neu oder korrigiere den Ausdruck – aufbauend, unterstützend, konstruktiv, positiv und transformierend, liebevoll und voller Mitgefühl.

Und so sei es.

21

Lebensplan – Lebensziel

15.01.2020 – Strength

Es ist an der Zeit, dass die Menschen ihr Erbe antreten. Das Erbe, das ihnen durch die Erfahrungen der Vergangenheit zusteht. Durch Erfahrungen in anderen Inkarnationen hier auf Erden und ebenfalls anderswo und in gänzlich anderen Zeiten und Dimensionen. Die sogenannten alten Seelen, die zurzeit in großer Zahl auf Erden verweilen oder kommen, haben alle – wir betonen alle – eine ganz spezielle Aufgabe, einen sehr speziellen Dienst zu verrichten, den nur sie vollbringen können. Manche fühlen das auch, finden jedoch ihre Aufgabe nicht, obwohl alle Potenziale vorhanden sind. Sie haben sich in Emotionen, in Verhaltensmustern und in »ver-rückten« Glaubenssätzen verstrickt.

Sie halten ihre getrübte Wahrnehmung für die Wahrheit und schaffen es dadurch oftmals nicht, einen Blick über den Tellerrand zu wagen. Sie stecken fest. Entweder ist ihnen dies überhaupt nicht bewusst und sie »vegetieren« einfach weiter, oder sie spüren zumindest schon, dass etwas nicht stimmt.

Leider neigen viele dann dazu, die anderen, die Mitmenschen als schuldig zu deklarieren. Die Mitmenschen, Freunde, Eltern, Arbeitgeber etc. seien schuld. Sie selber seien Opfer und können dafür nichts. Können nichts ändern. Sie verhalten sich oftmals auffällig ablehnend und werden schnell wütend. Sie stecken fest. Manch andere beschuldigen stets sich selbst. Auch sie stecken fest.

Die Aufgabe ist es, zu erfahren und zu verstehen, dass immer dann, wenn ein Gefühl von Unstimmigkeit entsteht oder bereits länger vorhanden ist, dies ein Zeichen und ein Weckruf ist. Dieser Ruf gilt nur der jeweiligen Person und niemand anderem. Wenn du diesen Weckruf wahrnimmst, hast du die Möglichkeit zu schauen, was und wo du etwas bei dir selbst ändern kannst. Der Weckruf gilt dir. Du wurdest geweckt und kannst, wenn du willst, wach werden oder gar erwachen. Erwachen, spirituelles Erwachen bedeutet zu Erwachen zum wahren Sein und in voller Bewusstheit dein wahres Potenzial zu erkennen und zu leben. Also deine ganz spezielle Aufgabe zu erfüllen. Dazu bist du hier, du alte Seele.

Eine Riesenchance. So ergreife den Ruf als Chance für dich und höre auf, die anderen als unstimmig und/oder fehlerhaft einzuordnen und zu beurteilen oder ihnen gar die Schuld für deine Lage, deine Misere zu geben. Schaue und bleibe bei dir und lasse die anderen Menschen ihre eigenen Erfahrungen und Fehler machen.

Sicherlich siehst du bei den anderen vieles, was nicht zu stimmen scheint. Das ist einfach und keine große Kunst. Es ist jedoch eine große Herausforderung, bei dir selbst zu bleiben, bei dir selbst zu schauen, zu fühlen und wahrzunehmen, was bei dir, für dich, in deinem Sein, in deinem Leben unstimmig ist. Wo bist du blockiert? Wo steckst du denn fest? Wie bist du da hingekommen? Was brauchst du, um wieder flügge zu werden?

Hole Hilfe, wenn du feststeckst. Höre aber auf, dich selbst zu beschuldigen oder anderen die Schuld für das, was ist, zu geben. Höre damit auf und zwar sofort. Übernimm stattdessen die Verantwortung für dich selbst und heile all das, was dich leiden lässt. Heile all das, was dich von dir selbst entfernt hat und heile all das, was dich dazu gebracht hat, dich von deiner Aufgabe oder Dienst auf Erden zu entfernen. Die Dinge geschehen, wie sie geschehen. Übernimm die Verantwortung für dein Leben. Lebe selbstbestimmt und eigenverantwortlich und werde endlich erwachsen.

Dieses Erwachsensein, was wir meinen, hat nichts mit der Zahl deiner jetzigen Erdenjahre zu tun. Egal, ob du zwanzig, vierzig oder siebzig plus bist, es ist nie zu spät zu wachsen und erwachsen zu werden. Jetzt, genau jetzt ist der richtige Moment.

So lege los. Übernimm die Verantwortung – jetzt. Übe Selbstreflexion ohne jegliche Schuldzuweisung. Finde deine Aufgabe, deinen Lebensplan*, dein Lebensziel. Finde deinen Seelenplan* und verwirkliche diesen Plan so, wie es dir jetzt möglich ist. Nur das wird von dir verlangt. Überwinde die Hürden und nutze die Gaben.
Alles, was du brauchst, ist dir gegeben worden. So vertraue und gehe deinen Weg. Aber gehe ...! Du bist einmalig, so wie du hier auf Erden bist. Dein Typ ist gefragt. Du wirst gebraucht, du bist wichtig, du bist so wichtig!

So sei es.

22

DICKE LUFT – AUSBEUTUNG DER ERDE

22.01.2020 -Strength – Eine weitere Botschaft.

Heute wollen wir näher darauf eingehen, was ihr Menschen unter Klimaveränderung versteht, was wahrhaft geschieht und was beachtet werden sollte.

Die Erderwärmung ist nicht menschenverursacht. Sie entsteht durch die Veränderung der Lage der Erde in ihrer jetzigen Konstellation. Eine ganz neue, in eurem Menschenzeitzyklus noch nie dagewesene kosmische, universelle Lage. Dadurch ändert sich auch das Wetter. Dies alles geschieht so, wie es geschieht. Ohne Menschen würde es genau so geschehen.

Die Menschen sind allerdings die Verursacher großer Schäden am Planeten Erde und seinen Ressourcen. Auch hier ist das rein materielle Denken und Wahrnehmen sowie die Hab- und Machtgier Ursache dieses Verhaltens. Beide Prinzipien bedingen sich gegenseitig. Wer nur das Materielle wahrnimmt und dies für die einzig wahre Realität und Wirklichkeit hält, wird stets mehr haben wollen. Im Grunde sucht jeder Mensch Erfüllung, Liebe und Sinn im Leben. Als Surrogat häuft er Güter und Macht an. Immer mehr und mehr, ohne zu merken oder merken zu wollen, dass er auf diese Art und Weise die eigene menschliche Existenzgrundlage zu vernichten droht.

Diese verheerende Ausbeutung der Ressourcen der Erde wird seitens der Industrie nicht als Ursache für eine große Zerstörung der Lebensgrundlage wahrgenommen. Nicht einmal die gesundheitlichen Schäden, die bei manchen Tätigkeiten des Abbaus und der Herstellung entstehen, werden ernst genommen. Obwohl es Leiden und Krankheit in der Bevölkerung verursacht. Nein, der Schuldige ist gefunden: CO2 in zu größer Höhe. Die vermeintliche

Ursache der Erderwärmung ist die zu hohe CO_2-Ausschüttung. Weiter wird leider (noch) nicht geschaut. Andere Zusammenhänge werden geleugnet.

Die Wälder sind als »Lunge der Erde« bekannt und das sind sie auch. Bäume und Wälder fungieren als CO_2-Speicher und produzieren unter Verwendung von CO_2 u. a. Sauerstoff. Die Luft bildet zusammen mit den anderen Elementen – Erde, Wasser und Feuer – die Grundlage der menschlichen Existenz. Alles auf Erden war einst im Gleichgewicht. Die alten, indigenen Völker z. B. lebten noch im Einklang mit den Naturgesetzen und Elementen. Alles war in Harmonie.

Jedes Menschenkind, das auf die Erde kommt, nimmt den ersten Atemzug, entfaltet seine kleine Lunge ... Das Letzte, was der Mensch beim Heimgang macht, ist ausatmen. Atemstillstand – der materielle Körper stirbt. Die feinstofflichen Körperanteile machen sich langsam auf den Weg zurück in die jenseitigen Welten. Auch das Jenseits genannt. Der Mensch kann ohne Luft, ohne Sauerstoff nicht auf Erden leben, überleben. Ohne Wasser kann er nur kurzfristig überleben, ohne Nahrung etwas länger. Zum Leben benötigt der Mensch u. a. die Elemente Wasser, Luft, Erde und auch Feuer. Für das Problem der Luftqualität sind Elektrofahrzeuge keine Lösung. Es ist nur ein Pflaster auf die Wunde für die Städte. Dort würde die Luft ohne zu viel CO_2 reiner und besser werden. Insgesamt gesehen jedoch ändert sich gar nichts. Es findet lediglich eine Verschiebung des Problems statt. Keine Lösung des Problems an sich und keineswegs eine ganzheitliche oder globale Problemlösung.

Lösungsansätze wären zu finden in

- einer gezielten, möglichst natürlichen Aufforstung. Weltweit.
- ein sofortiger Stopp der Abholzung/Entwaldung. Erst recht die Waldrodung durch sinnlose Verbrennung, wobei wieder viel CO_2 entsteht.

- einer bewussten Reduzierung oder Vermeidung von Fleischkonsum. Wälder werden u. a. vor allem für Weideland, für Rinder gerodet sowie für den großflächigen Sojaanbau – billiges Fleisch und Tierfutter (Soja) für Europa.
- einer gezielten Renaturierung der Flüsse. Flüsse wieder möglichst ungehindert fließen lassen. Flüsse mäandrieren von Natur aus und dies ist für das gesamte Leben auf Erden äußerst sinnvoll. Einerseits führen sie dadurch lebendiges, hoch mineralisiertes Wasser, formen andererseits auch natürliche Überlaufe, die sog. Auen oder Altarme und Feuchtgebiete, welche wiederum eine reiche Vielfalt an Flora und Fauna erlauben.
  Eine weitere wunderbare Folge der Renaturierung ist eine langsamere Fließgeschwindigkeit, wodurch die Hochwassergefahr erheblich gemindert wird.
- der Sicherstellung des Wassers und dessen Qualität. Wasser ist für jede und jeden da. Ein quasi Monopolrecht gezielter Entnahme des Grundwassers in schwindelerregend hohen Mengen und dies für rein kommerzielle Nutzung (Gier!) sollte völlig tabu sein.
- dem Ausstieg aus der Atomwirtschaft und die sog. Energiewende zu realisieren. Stattdessen Nutzung regenerativer Quellen.
- der Unterlassung der Produktion von schädlichen, giftigen und krebserregenden Stoffen. Diese Produktionen massiv zu minimieren und zu stoppen.
- der Beendigung der schleichenden Vergiftung der Erde. Die Vergiftung möge umgehend gestoppt werden.
- einer bewussten Produktion: Insgesamt weniger zu produzieren und dabei eine höchst mögliche Nachhaltigkeit, Wiederverwendbarkeit, Natürlichkeit und damit Giftfreiheit anzustreben. Alles möge in Fluss sein und fließen, Überfluss von Gütern ist jedoch nicht angebracht, war es nie und schadet ungemein.

Würden diese und ähnliche hier evtl. nicht erwähnten Punkte Berücksichtigung finden, könnte die Qualität und Quantität der Elemente als Grundlage der Existenz auf Erde gesichert werden. Diese Sicherstellung benötigt bewusstes, ganzheitliches, futuristisches Denken und Wahrnehmen und zwar global ...! Wasser hält nicht an Landesgrenzen an, ebenso wenig tut dies die Luft. Alles ist miteinander verbunden. Alles ist Eins. Alles ist Eins und nur gemeinsam, grenzüberschreitend können die Probleme wahrhaft gelöst werden.

Das erste Sinnvolle wäre, »weiter« zu denken und zu planen. Weiter – nicht nur im Sinne von weiter als nur bis zur nächsten Woche, nächsten Ernte, nächsten Saison, nächsten Wahl etc., sondern auch »weiter« in Sinne von »Weite«, global erfassend und großzügig, ganzheitlich, vorausschauend und das Wohl kommender Generationen implizierend. Statt wirtschaftlicher Gesichtspunkte mögen ganzheitliche, der Natur umfassenden Aspekte in den Vordergrund treten und mitbestimmend zum Tragen kommen.

So packt es an. So packe du es an. Es ist deine Welt. Es ist für deine Welt bedeutsam, wie du denkst und wie du handelst.

Du bist bedeutsam und ein Unikat.
Und was für ein besonderes Unikat!
Dich gibt es so wie du bist, nur einmal
und ausschließlich als Unikat.
Du bist einzigartig und einmalig.

So handle zum höchsten Wohle aller.
So wie nur du es kannst
mit deinen speziellen Fähigkeiten und Gaben.

23

Das Orakel

26.01.2020 – Strength bat mich, heute in die Bibliothek zu gehen.

Edward begrüßt mich. »Schön, dass du da bist, Margaretha. Wir haben dich schon sehnsüchtig erwartet. Komm, ich bring dich zu den anderen.« Alle sitzen bereits am runden Tisch. Ich setze mich auf meinen Platz und schaue fragend in die Runde.

Mein Schutzengelwesen, die Adlerengelin, ergreift das Wort. »Margaretha, bist du bereit, tief zu reisen, tief in die Vergangenheit des Seins und dort zu schauen, zu erfahren und wahrzunehmen, was für die heutige Menschheit wichtig ist zu wissen und möglichst auch anwendbar und hilfreich sein könnte für die jetzigen und kommenden Generationen? Bist du bereit, dich vollkommen rauszunehmen; ahnungslos und unbefangen wie ein Kind zu empfangen?«

»Ja, ich bin bereit. Fühle viel Kraft in mir. Vor einigen Stunden hat Strength intensiv an mir gearbeitet und ich fühle mich ganz kraftvoll und fähig, diese Herausforderung anzunehmen.«

»Prima, dann reisen wir ab heute mit deinen verschiedenen hier am Tisch anwesenden Inkarnationen und erfahren durch diese wunderbaren Seelenanteile, was sie für dich und die jetzige Menschheit bereit halten an Schätzen, Wissen, Erkenntnis und Weisheit.

Vereine dich bitte nochmals stark und fest mit deinem Seelenzentrum und mit der jetzt angedachten Seelenkraft deines Seins. Es ist die Seelenkraft links von dir, direkt neben Strength und Ruana. Verbinde dich so fest und rein wie nur irgend möglich. Auch über deinen Seelenkristall wird diese Verbindung gestärkt. So sei voll Vertrauen, erde dich, öffne deine Krone, Seele und Herz, sei präsent und entspanne dich!«

»Mein Name ist Angelina und ich bin heute deine Begleiterin und Führerin. So folge mir.«

Wir gelangen durch einen Wald zu einer wunderschönen Lichtung. In der Mitte liegt ein See umringt von Bäumen. Direkt um den See herum befindet sich, wie in einer Oase, sanft ansteigend und von satt grüner Farbe, eine niedrige, vielfältige, reiche Pflanzenwelt, die bis zu den Bäumen reicht. Der See ist rundlich und schimmert wie ein blauer Spiegel. Direkt am Ufer ist es offenbar sandig und dies erscheint als leuchtend weiße Einrahmung des Wassers.

»Gehe näher ans Wasser«, bittet mich Angelina und geht vor. Ich folge ihr. Wir stehen am Ufer. Sie bittet mich, das, was sie macht, genauso nachzumachen. Ich nicke. Sie nimmt die Arme weit seitwärts, bringt sie dann hoch über den Kopf und legt dabei die beiden Handinnenflächen aneinander. Lässt dann die Hände zusammen gehalten in Richtung Herzzentrum, Herzchakra*, sinken und dort ruhen.

Sie ruft nun mit sanfter, zugleich lauter, bittender Stimme die Hüter des Ortes.

Ein leuchtendes Wesen steigt in der Mitte des Sees aus dem Wasser empor und begrüßt uns: »Seid gegrüßt ihr Menschenwesen. Was kann ich für euch tun, wie kann ich dienen?«

»Es ist ein Orakel!«, flüstert mir Angelina ins Ohr, »zugleich die Hüterin dieses Ortes.«

Sie bittet nun das Orakel des Ortes um eine Botschaft für mich, für die Menschheit in meiner jetzigen Welt.

»Eine Botschaft für eine weibliche Abgesandte der verirrten jetzigen Menschheit dieses Planeten?«, klingt es verärgert. »Wie käme ich dazu, diesen so ignoranten Menschenwesen eine Botschaft zu geben? Wer und was bist du überhaupt, Menschenwesen der jetzigen Welt?«

Das Orakel scheint sehr verärgert. Wie kann ich reagieren, es besänftigen und um eine Nachricht bitten?

»Gewiss, verehrte Hüterin des Ortes, die jetzige Menschheit ist insgesamt gesehen sehr verdorben und völlig verirrt, es gibt jedoch auch Zeichen einer großen Veränderung und anfängliche

Heiltendenzen. Meine Seele kommt aus einem anderen Universum hierher, um die Menschheit und die Erde mit allem, was in seiner ganzen Vielfältigkeit darauf und darin lebt, bei den fortschreitenden Schritten der Heilung zu unterstützen. Mein jetziger Name ist Margaretha und ich trage viele Inkarnationen in mir, eine ist die, die neben mir steht und den Namen Angelina trägt. Eine andere mir bewusste Inkarnation ist Ruana. Wir bitten dich um deine Unterstützung.«

»Ach, Ruana«, seufzt das Orakel, »ist das wahr? Lass mich näher an dich heran, damit ich spüren kann.« Sie kommt über das Wasser gleitend zu uns und hält direkt vor mir am Ufer an. Sie ist fast durchscheinend und von großer Leuchtkraft.

Plötzlich geht ein sanfter Lichtstrahl von ihr aus und trifft mich direkt im Herzzentrum. Tief berührt, schließe ich die Augen und stehe wankend am Ufer dieses Orakelsees und warte demütig auf das, was kommen mag.

Ein plätschernder, klirrender, kristallklarer, sanfter Ton kommt aus ihrer Kehle. »Ach, welch eine Freude! Es stimmt, du bist die Wiedergeburt von Ruana aus Atlantis, Hohepriesterin und Hüterin der Kristalle und des Lichts. Ich sehe noch etwas anderes in dir, etwas Hohes, Kraftvolles. Das, Margaretha, hast du dir wohl selber erarbeitet und verdient. Hohe Achtung, du Seele des Lichts. Selbstverständlich gebe ich dir eine Botschaft für die jetzige Menschheit auf unserem Planeten Erde.

So sei still und lausche meiner Botschaft:

> Die Menschheit möge das Licht anerkennen und als Träger des Lebens ehren, ebenso wie das Wasser, die Luft, die Erde und das Feuer, wie auch den Planet selber als tragende mütterliche Kraft mit all ihren Wesen. Noch ist Zeit. Zeit zur Wende, zur Umkehr.
>
> Die Gezeiten sind zur Unterstützung des Lichts, des tragenden Lichts, auch Gott genannt, bereit. Ich nehme wahr, dass sich bereits vieles gewandelt hat oder in Wandlung bzw. Transformation befindet. Das gibt Hoffnung.

Die Schattenseiten zeigen sich allerdings kraft- und machtvoll. So schaut sie euch an, angstfrei und voll Vertrauen als ein Teil von euch selbst (was sie auch sind!).
Heilt und integriert diese Schatten. Das Licht auf Erden wird dadurch stark und stärker und so die notwendige Heilung in Gang setzen bzw. in Gang halten.
Umkehr ist möglich. Jetzt! Die Zeit ist reif, reif! Jetzt!«

Ich falle auf die Knie, falte meine Hände vor dem Herzzentrum und danke dem Orakel zutiefst. Sie lacht wie plätscherndes Wasser, faltet ebenfalls die Hände, nickt kurz und verschwindet.
Als ich zur Seite schaue, ist niemand da. Verwirrt sehe ich mich um. Dann erblicke ich Strength. Er lächelt und reicht mir die Hand. Schon bin ich wieder in der Bibliothek, sitze am runden Tisch mit meinem »Seelenteam«. Alle strahlen mich kurz an und verschwinden. Nur meine Adlerengelin sitzt mir noch gegenüber und lächelt sanft: »Komm, ich bringe dich zurück.«

24

Corona – Eine Notiz

Danach empfange ich noch einige Channelings, die mir bei meinem persönlichen Wachstum helfen, mich unterstützen und begleiten.

Kurz darauf werde ich krank. Ein grippaler Infekt, nehme ich an. Habe Halskratzen, einen quälenden, trockenen Husten.
Probleme mit den Nebenhöhlen, aber keinen Schnupfen.

Die Tage und Nächte des Februars sind dunkel und sehr nass. Es wüten viele, viele Stürme. Es sind eigenartige Tage und Nächte. Eine unruhige, irgendwie bedrohliche und zugleich melancholische Atmosphäre scheint in der Luft zu hängen. Bin ich das? Ich bin krank und fühle mich auch recht krank und ahne nichts. Ich lese keine Zeitung, habe keinen Fernseher. Höre höchst selten mal Radio. Bin normalerweise dennoch gut informiert. Jetzt durch den Infekt aber nicht.

Ich ahne nichts ...!

Als es mir wieder besser geht, ist es März, März 2020. Das sogenannte »Neue Corona*-Virus« ist da.

25

Freiheit und Verantwortung

13.03.2020 Strength

Nun sei gegrüßt du Kind des Lichts! Langsam wird es Zeit, dass du nach deiner Gesundung – trotz »Neuem Corona-Virus« – wieder innere Ruhe und Balance herstellst!

Es waren und sind aufregende Zeiten für euch Menschen. Und so unerwartet hat es euch getroffen. Schon sehr merkwürdig, nicht wahr? Alles jedoch hat seinen Sinn, auch wenn dieser für euch (noch) nicht sichtbar ist. Du hast bereits Überlegungen angestellt über das, was du und die anderen aus diesem Geschehen lernen können. Als Erstes sagtest du »Vertrauen«. Das sagen wir auch! Vertrauen, Liebe, Licht und Annahme, dessen was ist. Einschränkungen für ein freies Volk, wo alles möglich und erlaubt schien. Freiheitseinschränkungen in diesem Land und in vielen anderen Ländern dieser Welt.

Ja, Freiheit. Freiheit bedeutet auch Verantwortung. Freiheit, wahre Freiheit ist nur mit Übernahme von Verantwortung für das, was der Mensch tut oder auch nicht tut, also unterlässt, möglich. Jede Handlung, jede Entscheidung, wie frei auch immer, ist ebenfalls stets mit Verantwortung verbunden. Wer aus Angst, nichts mehr abzubekommen, mehr kauft, als benötigt wird, handelt aus Gier und aus egoistischen, nicht freien Gründen. Vorratshaltung ist in Ordnung, hamstern auf Kosten der anderen allerdings sehr egoistisch. So ist zurzeit für jeden von euch viel zu lernen.

Schlägt Mutter Natur zurück? Könnte man denken. Nein, diese Dinge geschehen, weil sie geschehen, und zwar aus Gründen von Ursache und Wirkung. Dies möge verstanden werden. Nichts geschieht grundlos, jedoch nie zur Bestrafung. Nicht Gott oder Mutter Erde oder die Natur sind schuld. Verantwortung mögen die

Menschen übernehmen und darauf achten, sich möglichst nah und dicht nach Gottes Plan, oder – wem das lieber ist, nach der Natur – zu richten. Also die Naturgesetze zu beachten und mit ihnen im Einklang zu leben, ohne zu versuchen, sie zu beherrschen. Krankheiten behandeln und heilen zu wollen, ist in Ordnung. Krankheiten ausrotten zu wollen und zu denken, dies auch zu können, ist töricht und entspringt dem irrigen Allmachtsdenken der Menschheit.

Die Menschen mögen wieder lernen, möglichst tief im Einklang mit den Gesetzen der Schöpfung zu leben. Dabei die inzwischen üblichen Hygienemaßnahmen wie sauberes Wasser für alle zu beachten, was leider nicht überall auf Erden gewährleistet ist. Eine gesunderhaltende Lebensweise mit natürlichen, vollwertigen Lebensmitteln für alle Menschen weltweit. Dazu gehört nicht zuletzt auch zutiefst zu überlegen, ob es in der Ordnung ist, Tiere nur für die Speisung der Menschen zu züchten (Massentierhaltung). Kann das rechtens sein? Oder kann es recht sein, Wildtiere einzufangen und als Speise zuzubereiten? Wie das z. B. in manchen Teilen von China der Fall zu sein scheint. Warum? Warum Tiere töten, um sie zu essen, wenn genügend andere Lebensmittel vorhanden sind? Vegetarier zeigen seit vielen, vielen Jahrzehnten, wie es auch anders geht. Nur gewusst, wie. Pflanzennahrung trägt und überträgt keine Viren!

So entscheidet selber, informiert euch, bildet eure eigene Meinung und übernehmt Verantwortung für eure Handlungen. Übernehmt Verantwortung für euer Handeln und euer Nicht-Handeln. Hört auf, die Verantwortung abzugeben und andere entscheiden zu lassen. Und sich dann evtl. auch noch zu beschweren, weil sie (die anderen) es falsch machen.

Ihr seid Gestalterin und Gestalter. So gestaltet zum höchsten Wohle aller!

26

Die eine große Erde

16.03.2020 – Strength

Sei gegrüßt, du Tochter des Lichtes auf Erden. Sei umarmt, umarmt von meinem Geist und Sein. Stärke dich daran! Du weißt, du bist ich und ich bin du. Du hast also alle Kraft, die du benötigst und mehr. Vergeude sie nicht in deiner Haltung mit Suche nach Sicherheit. Sicherheit gibt es nicht und gab es nie.

Es schien für dich und für euch so, als gäbe es Sicherheit. Alles ist jedoch in stetiger Veränderung, Schwingung, Bewegung und Transformation. Nichts bleibt, wie es ist. Du weißt es und dennoch bist auch du zutiefst verunsichert. Wozu? Was kann dir jetzt passieren? Was ist wirklich anders als sonst? Welche Macht hat dieses Virus? Ein scheinbar vollkommen unbekanntes, neu entstandenes Virus mit einer großen Ansteckungskraft. Ungeahnt groß und völlig unterschätzt. Alles droht zusammen zu brechen. Alles, was so klar organisiert, stark und unter Kontrolle zu sein schien, bricht zusammen. Das Virus übernimmt die wahre Macht. So scheint es.

Ja, was können die Menschen lernen? Noch mehr Gier, Machtmissbrauch und Egoismus wäre eine Möglichkeit. Zusammenhalt und soziale, gegenseitige Unterstützung eine andere Möglichkeit. Zumindest eins dürfte sehr, sehr klar geworden sein: Alles ist Eins. Eine große Erde. Auch wenn Grenzen jetzt geschlossen werden, ist dennoch so klar geworden, dass es in Wahrheit keine Grenzen gibt. Keine Unterschiede. Jede, jeder kann erkranken. Egal welche Nationalität oder Hautfarbe. Egal auch welche Glaubensrichtung. Betest du zu Allah oder Gott oder zu der chinesischen Göttin oder betest du nicht. Es ist gleichwertig und in Ordnung. Allah straft nicht, Gott straft nicht. Alles ist vernetzt und verbunden und das, was zusammenhält, ist reine Liebe, reines Licht. Hochschwingend und nährend. Energie spendend. Lebensenergie spendend. Die Schleier lüften sich bald immer mehr und mehr. Bald werden die Menschen (ein)sehen, worum es hier auf Erden wirklich geht.

Trage und verteile und verschenke die Liebe, die große, möglichst bedingungslose Liebe, per Telefon, per E-Mail, per Handy, per Brief, per Postkarte. Es ist gleichgültig wie, aber verteile sie, lasse sie fließen.

Alles und alle mögen heil werden. Heil an Körper, Seele und Geist (Mind/Bewusstsein).

Alle mögen aufwachen, sich ihres Selbst, ihrer wahren Essenz bewusst werden. Mögen die eigene Göttlichkeit erkennen und damit spirituell erwachen. Mögen bewusst und konsequent, achtsam, liebevoll, rücksichtsvoll und nachhaltig handeln, immer im Hinblick auf das Ganze. Das allumfassende Ganze.

Das All-Eins. Das Universum. Das Universum, unverstanden, unfassbar und unermesslich in seiner Größe und Umfang und in dem, was es wahrhaft ist. Dieses Universum, so voller Sternen, Galaxien, Milchstraßen und Planeten, ist das Zuhause der Erde, des Blauen Planeten, so schön und doch so winzig. Die Menschen noch winziger.

Dennoch, ihr Menschen seid wichtig.
Ihr seid gewollt.
Ihr werdet benötigt.
Erkennt eure Göttlichkeit und erwacht spirituell.
Erwacht und klar von Geist und tiefem Wissen,
getragen von der tiefen Erkenntnis dessen,
was ihr wahrhaft seid ...!

So werdet ihr benötigt!

27

Die Grenzen der Kontrolle

20.03.2020 – Melchezedek*

Sei gegrüßt, du Perle des Lichts auf Erden. Fällt dir etwas schwer zurzeit, nicht wahr? Die Zahlen der infizierten und verstorbenen Personen steigen schwindelerregend schnell. Es fällt sehr schwer, vertrauensvoll und zuversichtlich zu bleiben und wieder zu werden. So wenden wir uns heute mit unserer Kraft an dich und ebenfalls an die anderen Menschen, die dies lesen!

Sei dir bewusst, dass wir alle hier in den oberen Welten dich behüten, tragen und unbemerkt beraten. Alles ist gut. Diese riesige Herausforderung wird geschafft werden. Bete weiter für die Gesundheit und die Liebe und das Verständnis der Menschen. Für soziales Verhalten und für Mitgefühl und Miteinander. Mögen alle Menschen verstehen, wie ernst die Lage ist, und sich dementsprechend verhalten. Und du, lerne Hilfe anzunehmen und lerne, um Hilfe zu bitten. Nimm die Hilfe deiner Kinder in Anspruch! Sie kaufen sowieso ein und haben Autos ...! Sie unterstützen dich gerne.

Aktiviere täglich all das, was du als Heilerin und Channel durch die Lehre von Frank Alper gelernt hast. Dieses Wissen steht dir und vielen anderen zur Verfügung. Nutze es, wende es an.

Organisiere und strukturiere deine Tage bitte noch besser. Sei achtsam und wach am Tage und beschäftige dich bitte mit möglichst sinnvollen Ideen und Geschichten, damit du deine Gefühle und Emotionen steuerst, statt umgekehrt. Sei magnetisch und stark. So wie du wahrhaft bist. Lebe deine Kraft und auch deine Sanftheit. Das unterstützt nicht nur dich, sondern ebenso diejenige, die wiederum von dir unterstützt werden.

Die Menschheit lernt durch Erfahrung. Sie lernt jetzt, dass Kontrolle, also »wir kontrollieren und steuern alles, Atomkraft, das Klima, den CO2-Ausstoß, die Waldrodung, die Monokulturen, die Natur« usw., nicht möglich und eine Farce ist. Der Mensch ist Teil der Natur und Teil der Naturgesetze und kann nur im Einklang mit diesen Gesetzen leben bzw. überleben. Das ist dringlichst zu verstehen und umzusetzen. Jegliche Ausbeutung der Erde und ihrer Schätze ist zu unterlassen.

»Lockdown« bedeutet auch »Neustart« nach einer gewissen Zeit. Es wird sich zeigen, was die Menschen bis dahin gelernt haben, und ob sie einsehen werden, dass eine radikale, grenzüberschreitende Änderung überfällig ist. So haltet zusammen und akzeptiert den »Lockdown«, um später einen wahren Neustart zu wagen. Liebevoll, rücksichtsvoll, maßvoll, voller Mitgefühl für- und miteinander und den Naturgesetzen.

Alles ist verbunden, Grenzen existieren nur scheinbar. Alle seid ihr einander Schwester oder Bruder, egal welche Hautfarbe, egal welche Glaubensrichtung, egal welche Nationalität auch immer ihr habt. Jede/jeder geht ihren/seinen hochspeziellen Erdenweg. Und dennoch seid ihr eins. So bitte versteht und lebt demgemäß.

28

DNA – Aktivierung und Bewusstsein

Der innere Heiler

21.03.2020 – Dreamteam

Heute möchten wir eine spezielle Botschaft durchgeben, so sei bitte achtsam und besonders fokussiert bei der Sache.

Lange, lange ist es her, dass es auf Erden solche Epidemien oder gar globale Pandemien gab wie zurzeit scheinbar. Deine Ahnen haben jedoch in den alten Zeiten vorherige Epidemien erlebt und getragen. So ist diese Erfahrung auch in dir, in deinen Zellen. Deine Zellen »wissen« und suchen nach Strategien. So helfe deinen Zellen und unter-stütze sie. Aktiviere alle Zellen in deinem ganzen Körper und der DNA. Diese DNA befindet sich nur scheinbar in deinem physischen Körper. Sie existiert in Wahrheit eher um den Körper herum wie ein Feld. Ein dich umgebendes und zugleich durchdringendes Feld. Das bedeutet auch, dass die DNA eher vom Geist (Spirit/Mind) als vom Körper (physischer Körper) beeinflusst werden kann. Also eher durch Bewusstsein als durch Medikamente. Passende Stoffe und Bewusstsein wäre zu dieser Zeit noch das Optimum für die Menschen.

Jeder Mensch trägt einen höchstpersönlichen inneren Heiler in sich. Dieses Heilwesen ist androgyn und göttlich, gottgegeben. Ist ein Teil der Quelle des Seins und damit zugleich ein Teil der Erde. Jede und jeder kann und möge diese Quelle finden und sie anzapfen, damit fortwährend Heilung und Ausgleich auf höchstmöglicher Ebene stattfindet. Du musst diese Quelle nicht suchen und nicht wirklich finden. Es bedeutet schlicht, Kontakt mit dieser Quelle aufzunehmen und zu halten, damit alles in und um dich optimal funktionieren kann. Ohne diesen Kontakt bist du quasi nur ein Teil oder gar nur ein Bruchteil dessen, was du wahrhaft bist.

Sei dir gewiss: Was du für dich tust, tust du für alle! Es ist höchste Zeit, dass die Menschen verstehen, wer sie wirklich sind. Die, die verstehen, mögen sich für diese noch neuen Impulse öffnen. Sie mögen damit an sich selbst arbeiten und Erfahrungen sammeln. Später mögen diese Impulse der Aktivierung und die damit gemachten Erfahrungen auch an andere weiter gereicht werden. Erfahrene Personen begleiten andere Personen auf diesem Weg.

Gehe du voran mit denen, die so weit sind, später auch andere an die Hand zu nehmen. Lehre, wenn möglich, zuerst die Grundlagen der magnetischen Energien und der Gedankenkraft bzw. Mindkraft, damit die Realisierung der Aktivierung leicht(er) gelingen wird.

Die Realisierung der Aktivierung beruht auf der freien Wahl und dem freien Wille eines jeden Menschen, sowie auf dem jeweiligen Bewusstsein, dem bewussten Sein, der Person. Ohne willentliche Absicht geschieht nichts.

Die Wissenschaft hat gezeigt, dass, im Quantenzustand beobachtete Photonen ihre Eigenschaften verändern. Also im Grunde nichts anderes als das, was wir hier lehren, denn die Absicht ist es, die Quanten-DNA zu beobachten, damit sich diese verändert, bzw. aktiviert wird.

Mit willentlicher Absicht geschieht Veränderung. Jede Person ist die Chefin/der Chef im jeweiligen Gesamtkörper. So übernimm die aktive Verantwortung für dich selbst, für dein Leben.

So kann nach dem »Lockdown« und/oder nach der Pandemie ein wahrer Neustart gelingen. Ein Neustart mit vielen Menschen, die verstanden haben und gewachsen sind. Mit Menschen, die nicht nur ihren physischen Leib pflegen, sondern alle Zellen – in diesem Leib und in den feinstofflichen Körpern – aktivieren und pflegen. Das ist DNA-Optimierung, hochprozentig!

Die Wissenschaft hat herausgefunden, dass nur ein Bruchteil des Erbguts Proteine erzeugt. Siebenundneunzig % (97 %!) des menschlichen Genoms besteht anscheinend aus nicht-codierender DNA und wurde als »Schrott« bezeichnet. Vieles ist noch nicht – und wird vielleicht auch in naher Zukunft nicht – wissenschaftlich verstanden, entschlüsselt und bewiesen werden.

Für die DNA-Optimierung ist dies völlig unwichtig. Aktiviere möglichst hochprozentig. Erwecke das Gesamtpotenzial deines hochschwingenden DNA-Feldes. Aktiviere alles, was du bist. Du bist ein wahrer Gestalter, ein wahrer Schöpfer. Schöpfer im Werden wohl noch, eventuell gar noch Baby-Schöpfer, aber dennoch Schöpfer.

Fange an, die Verantwortung für das, was du wahrhaft bist, zu übernehmen. Wenn nicht jetzt, wann denn? Die Zeit in dieser Krise – und auch danach – ist die größte Chance für Veränderung. Eine Veränderung des Bewusstseins. Eine Veränderung des bewussten Seins. Im Idealfall eine Bewusstseinserweiterung. Du bist só unendlich wichtig!

Zum Abschluss dieser Botschaft stellen wir eine Meditation zur Kontaktaufnahme mit dem inneren Heiler und DNA-Optimierung zur Verfügung:

Der innere Heiler und DNA-Aktivierung

Atme einige Male tief ein und aus. Entspanne dich. Gehe mit deiner Aufmerksamkeit nach innen, lasse den Atem sanft durch den Rachenraum und Hals, weiter in die Tiefe deines Körpers hineinfließen, bis tief in den unteren Bauchraum hinein.

Fühle den Luftstrom bis tief in den Unterbauch. Sei mit deiner Aufmerksamkeit ganz bei deiner Atmung, ohne sie zu beeinflussen. Sei zugleich mit aller Intention und Aufmerksamkeit (Gedankenkraft/Mindkraft) im Inneren deines physischen Körpers. So atme und lasse innerlich alles zur Ruhe kommen. Atme, damit der Atem des Lebens all deine Zellen lichtvoll durchfluten kann und habe die Erkenntnis, dass Bewusstsein DNA aktiviert. Wisse, dass Bewusstsein DNA aktiviert.

Gib all deinen Zellen, seien sie physisch oder ätherisch, die Erlaubnis, sich zu ändern ...

Nun nimm Kontakt mit deinem Herzzentrum, dem Tempel deiner Seele, in der Mitte deiner Brust auf. Verbinde dich dort mit deiner Seele – deinem Höheren Selbst – und mit dem Licht deiner Seele. Fühle das Licht, die Wärme, die Liebe deiner Seele. Fühle die Weite, die sich nun zeigt und stets weiter und weicher wird. Warm, weit und voller Licht. Nimm wahr und fühle. Fühle Weite, Licht, Liebe, Leichtigkeit – weich und warm. Fühle ...

Dies ist die Quelle, das Licht, das du wahrhaft bist. Weite und Licht ohne Grenzen und voller Liebe. Dies ist zugleich *der innere Heiler*, dies ist die Quelle, die deinen ganzen Körper erfüllt. Spüre die Weite voller Licht, weit, grenzenlos weit über den physischen Körper hinausgehend. Verbinde dich, verbinde dein Bewusstsein mit diesem sich so wunderbar ausdehnenden Feld und wisse: »Ich bin Liebe. Ich bin Licht.« Spüre ..., fühle ...

Wenn du diese große »Lichtvolle warme Weite« deutlich wahrnimmst, dann gehe mit deiner Aufmerksamkeit, mit deinem ganzen Bewusstsein, zum Zentrum dieses Lichts.

Nimm vom Zentrum dieses Lichtes ausgehend, strahlenförmig, sternförmig, Kontakt mit allen Zellen in und um deinen Körper, sowohl physisch als auch feinstofflich ätherisch, auf und habe den Gedanken, die Intention, die Absicht:

- »Ich gebe all meinen Zellen und jeder einzelnen Zelle, seien sie physisch oder ätherisch, die Erlaubnis, sich zu ändern.
- Ich aktiviere mittels dieses Lichtes, das ich bin, jede Zelle in und um meinen Körper.
- Ich aktiviere jede einzelne Zelle in meinem physischen Körper und in allen meinen mich umgebenden und durchdringenden feinstofflichen Körpern.

- Ich bitte alle meinen Körperwesen*, die Energetisierung und Aktivierung aller Zellen auf sämtlichen Ebenen nach Kräften zu unterstützen.
- Mittels dieses Lichtes werden jetzt ebenfalls alle noch schlafenden Zellen aktiviert, neu verbunden und verknüpft, damit sämtliche Informationen höchst effektiv auf allen Ebenen weitergeleitet werden.
- Sämtliche Zellen mögen ab sofort ihre von Anbeginn an vorgesehene Arbeitsweise ganzheitlich und im Ganzen zum höchsten Wohle aller aufnehmen. Jetzt!«

Wiederhole diesen letzten Abschnitt noch zweimal (gerne auch laut!).

Annahme: Nimm die Veränderung in Demut und Dankbarkeit wahr und lasse dir dabei Zeit. Nimm die Veränderung an! Spüre! Fühle! Fühle und spüre den Prozess! Lasse dir Zeit!

Sich bedanken: Wenn du nach einer Weile das Gefühl hast, dass der Prozess für heute abgeschlossen ist, dann bedanke dich bei der Quelle, bei deiner Seele, bei deinem inneren Heiler, bedanke dich bei allen deinen Körperwesen und ebenfalls bei Mutter Erde, denn dein Erdenkörper gehört zu ihr. Bedanke dich schließlich bei dir selbst, dass du diesen Schritt gemacht hast.

Aktiviere in den nächsten Tagen und Wochen bitte regelmäßig – zwei- bis dreimal pro Woche – deine Zellen durch diesen Prozess, sodass alles in Fluss kommt, sich auf den tiefsten und höchsten Ebenen neu verknüpft, verbindet und verfestigt, damit sich ein neues stabiles Gleichgewicht bildet.
Nach etwa dreißig (30) Tagen sollte sich die Aktivierung stabilisiert haben. Traue wie immer deiner eigenen Wahrnehmung. Brauchst du etwas länger oder etwas kürzer?

Auch nach dieser dreißigtägigen Basisaktivierung durchlebe regelmäßig diesen Prozess, damit Wachstum, Entwicklung und Gesundheit dauerhaft gelingen! Wisse: Deine willentliche Absicht, deine Intention, dein Bewusstsein ist der Schlüssel zum Erfolg. Auf deine Absicht kommt es an!

So sei es.

29

Hüterin der Himmelskristalle

20.04.2020 – Heute reise ich wieder in die Bibliothek.

Edward: »Sei gegrüßt, schön, dass du da bist. Komm, lass uns zu den anderen gehen.«

Alle sitzen wieder am runden Tisch. Ich setze mich dazu und begrüße alle. Sie schauen mir liebevoll und zugleich sehr intensiv in die Augen. Es macht mich verlegen. Sie merken es und lächeln verstehend.

Strength meint: »Wir wissen, wie es zurzeit auf Erden aussieht. Eine sehr harte Konfrontation. Corona bedeutet ›Krone‹ bzw. ›Krönung‹. Trug nicht Jesus eine Dornenkrönung? Und jetzt diese Krönung in dieser besonderen Zeit der großen Chance einer umfassenden Bewusstseinserweiterung der Menschheit. Widerspricht sich dies? Nein! Ist das gottgewollt? Nein! Es ist, wie es ist. Ursache und Wirkung. Merkwürdig ist allerdings, dass obwohl viele verschiedenen Coronaviren auf Erden bekannt sind, keines dieser Viren weltweit als ›Corona‹ bezeichnet wurde. Corona trägt freilich ebenfalls noch zwei offizielle Benennungen. Dennoch ist Corona in aller Munde. Möglicherweise hilft es den Menschen, sich der eigenen Krone, des Kronenchakras und seiner Bedeutung, wieder bewusst zu werden. So möglicherwiese die Verbindung nach oben zum Schöpfer, zur Quelle, zu finden. Lassen wir dies nun ruhen. Es steht hier heute anderes im Vordergrund.

Wir bitten dich, mithilfe des Seelenkristalls sehr, sehr tief Kontakt mit deinem Seelenzentrum aufzunehmen. Alles zu aktivieren, was du kannst, und dann tief entspannt und hellwach hier zu sein. So nimm nun bitte Kontakt mit dem Seelenaspekt, der sich als nächste Seelenpräsenz links von uns befindet, auf.«

Ich verbinde mich und höre: »Ich heiße Rosanna und bitte dich, mir zu folgen.«

Sie geht vor. Geht sie? Vielmehr »gleitet« sie voran, schwerelos schwebend. Ich folge staunend über dieses Phänomen.

Sie schaut zurück und ruft sanft: »Komm, komme, folge mir!«.

Ich verliere sie, finde sie nicht mehr. Schaue mich suchend um und erblicke sie über mir schwebend.

»Komm, komme, folge mir«, klingt es wieder und dann: »Du kannst all das, was auch ich kann, so komme her zu mir, dort wo ich jetzt bin.«

Sie lacht hell und sanft. »Nein, nicht so! Hat Strength dich nicht gebeten, dich zutiefst mit deinem Seelenzentrum zu verbinden? Gut so! Schalte deinen Verstand völlig aus. Sei Seele, sei Liebe. Lasse voll Vertrauen los und lasse dich tragen und führen.«

Ich spüre, wie ich die ›Erdhaftung‹ verliere, fühle zugleich, wie eine Hand die meine sanft, aber kraftvoll findet, mich hält und führt.

»Komm, komme, folge mir«, klingt es wieder.

Ich gebe nach, lasse das, was ich meine zu sein, los. Fühle nur noch den sanften Griff ihrer Hand, die die meine hält.

»So ist es gut, ja, so ist es gut. Nun lass uns höher steigen. Vertraue und lasse dich voller Liebe und Gnade führen. Ja, prima, so ist es gut.«

Mir ist etwas schwindlig, ich brauche Zeit, um mich an diese vollkommene Schwerelosigkeit zu gewöhnen.

»Schau nach vorne«, klingt ihre melodische Stimme nun leicht warnend. Ich reiße mich zusammen und richte meinen Blick auf das, was kommt.

»Schau vorwärts«, klingt es nochmals, »schaue vorwärts, schaue nur nach vorne, alles andere ist jetzt völlig unwichtig. Schau nach vorne, nur nach vorne!«

Der Schwindel ebbt ab. Es geht mir ausgezeichnet.

»Prima, so ist es sehr gut. So lass uns weiter fortschreiten auf diesem Weg!«

Alles zeigt sich transparent und von zarten Regenbogenfarben durchwoben. Schimmerndes Licht leuchtet hier und da sanft durch die Farben hindurch. Es scheint eine Bedeutung zu haben. Es scheint uns zu führen und zu lenken. Ich frage, ob meine Annahme richtig ist.

Sie bejaht, sagt nochmals eindringlich »schaue vorwärts, schaue vorwärts« und drückt meine Hand.

So folge ich, so schwebe ich und schaue vorwärts durch dieses schimmernde, leicht nebelige, transparente Licht. Alles ist in Bewegung. Alles fließt in sanften Pastelltönen in- und durcheinander. So schön!

Dann hält sie inne »Wir sind angekommen«, klingt es, »setze dich.«

»Setzen?«, frage ich erstaunt und überlege, worauf ich mich denn setzen soll.

»Höre auf zu denken, tue es einfach, setze dich!«

So setze ich mich und tatsächlich - ich sitze und staune. Sie setzt sich neben mich.

Vor uns öffnet sich ein Raum, ein Säulenbogenraum, getragen von kristallenen Halbbögen, die sich in der Mitte treffen.

Ich will etwas sagen, aber schon höre ich Rosanna flüstern: »Pst, sei still.«

Ich sitze still und verbinde mich nochmals zutiefst in meinem Seelenzentrum und mit dem Licht meiner Seele, mit dem heiligen Raum in mir. Ich bin völlig ruhig und warte auf das, was kommen mag. Am anderen Ende des Raumes löst sich der Farbnebel indes auf. Es wird eine Art Pforte sichtbar. Sie öffnet sich und ein wunderbares, aus zart verwobenen Farbfäden bestehendes Wesen schreitet hindurch und begrüßt uns freudig lächelnd.

»Das hat aber lange gedauert. Gut, dass ihr nun hier seid. Darf ich vorstellen? Mein Name ist Gomera, ich bin die Hüterin der Himmelskristalle. Meine Aufgabe durch die Jahrtausende hindurch ist die Sicherstellung der Kristallkräfte oben und unten. Also auf und in der Erde und in den heiligen Sphären. Dies hat zugleich in gewisser Weise mit dem Kristallgitter auf der Erde zu tun. Rosanna hat diese Aufgabe viele Erdenleben lang für die Erde gehalten.

Immer in Verbindung mit der Ursprungsinkarnation, die hier auf Erden kam und die Ruana hieß, was du jetzt bist, Margaretha.

Du bist jetzt hier, damit ich dir zeigen kann, was auf Erden für die Erde und die Menschen, jetzt wichtig zu lernen und zu verstehen ist.

Wir drehen nun die Zeit zurück zu deinem Anfang auf Erden. Du kamst als bereits sehr fortgeschrittene Seele hierher. Eine sogenannte ›Alte Seele‹. Du kamst als dienende Liebesseele. Leider verlor sich das wahre Wissen dessen, was du bist, in deinen späteren Inkarnationen immer mehr und mehr, bis du scheinbar unwissend wurdest, was nie wahrhaft stimmte. Deine Weisheit, dein Wissen des Seins versteckte sich, damit du auf Erden die notwendigen Erfahrungen als Mensch mit Menschen sammeln konntest. Jetzt ist es höchste Zeit, dich zu erinnern, alles in dir zu verweben und zu verstehen, um so zu einer tiefen, tiefen Einsicht und Erkenntnis zu gelangen. Es ist Zeit. Es ist höchste Zeit. Jetzt.

So stehe jetzt auf, falte deine Hände vor deinem Herzzentrum, schließe deine Augen und lasse geschehen, was geschieht.«

Ich tue, wie verlangt.

»Halte deine Augen nun in diesem Prozess stets geschlossen, egal was auch passiert. Sei voll Vertrauen, Liebe und Gnade mit dem was geschieht und lasse geschehen ...!«

Meine Augen sind fest verschlossen. Ich höre wunderbare Klänge. Empfange unzählige Bilder, die mich teilweise völlig überwältigen. So schön, so eindringlich, manchmal auch bedrängend und beängstigend, gar bedrohlich. Es geht weiter und weiter. Ich fühle, wie ich gehalten werde, damit ich aufrecht bleibe. Die Bilder sind überwältigend in ihrer Art. Schön und schrecklich, denke ich.

»Höre auf zu denken, nimm einfach an. All das bist du, nimm es an. Nimm es urteilsfrei voller Liebe und Gnade an. Es sind Erfahrungen, Erlebnisse, Schulungen, Lehrungen. Nimm sie in Liebe und Gnade voller Vertrauen an. Das bist du und auch nicht du, jedoch auch du ...! Wer verstehen will, der verstehe.«

Ich verstehe ... ach, ich verstehe ...! Es berührt mich zutiefst. Ich stehe und wanke. Wie lange? Minuten? Stunden? Ist es wichtig?

Ich bin ...! Zuletzt nur noch dieses Gefühl ... Ich bin ... Nur sein ..., nicht mehr und nicht weniger. »Ich bin. Einfach nur sein.«

Dann tiefe Stille – Ruhe – noch sind die Augen verschlossen. Ich verspüre das tiefe Bedürfnis, nun zu schauen. Noch sind die Augen fest verschlossen. Ich halte durch, tauche stattdessen tief in die Stille ein. In die unendliche Stille voller Klänge und Töne.

Jemand fasst mich an die Hände. Streicht von der Krone über das Dritte Auge, über die geschlossenen Augen und bittet mich sanft, nun die Augen zu öffnen.

Gomera steht direkt vor mir. Sie lächelt mich strahlend an. Verbeugt sich leicht: »Liebe Ruana, Rosanna, liebe Margaretha und alle anderen Inkarnationen im Kristallinen Sein der Kristallkräfte und des Kristallwissens, nun ist alles in dir aktiviert und bereit, gelesen zu werden.«

Sie nimmt meine linke Hand und legt diese auf ihr Herzzentrum, während sie ihre linke Hand auf mein Herzzentrum legt.

»Du bist nun mit deiner wahren heiligen Aufgabe hier auf Erden verbunden. Es ist eine Aufgabe, die kristallin ist und zugleich völlig irdisch erscheint. Alles ist eins und untrennbar verbunden. Feste Materie, sichtbare und unsichtbare Materie. Sein in all seinen Formen. So ist der scheinbare Widerspruch gelöst, der sich in Texten über die sogenannte Umwelt und über spirituelle und hoch geistige Gegebenheiten der Bewusstwerdung der Menschheit und deren möglichen Bewusstseinserweiterung zu zeigen scheint. Alles ist untrennbar verwoben und vereint und schwingt in Wahrheit so miteinander, wie du es hier erleben und ersehen konntest. Nimm das erfahrene Wissen und das hier Erlebte mit in dein jetziges Erdenleben. Sei zutiefst gesegnet und sei dir der großen, tragenden Kraft und Tiefe der geistigen Welt, die dich stets begleitet, bewusst.«

Ich verneige mich ehrfürchtig dankend für das große Geschenk.

Sie sagt schlicht: »Ich danke dir und danke zutiefst für das, was du bist und trägst. Du bist viele und heißt in diesem Leben Margaretha. Dein Name bedeutet ›Tochter des Lichts, Perle des Lichts‹. Das bist du, Trägerin des Lichts. Dies ist nun dein Weg. Gehe ihn im Vertrauen, Liebe und Gnade für dich selbst und alle anderen Wesen.« Sie lächelt, nickt mir zu, verneigt sich leicht und verschwindet.

Rosanna nimmt meine Hand. »Komm, komme nun und folge mir.« Schon sind wir wieder in der Bibliothek, wo die anderen warten. Sie scheinen zu wissen und strahlen mich an.

Ich fühle mich erschöpft, bin zugleich hellwach. Es ist 02:00 Uhr in der Früh des neuen Tages. In dieser Nacht schlafe ich wachend und wache schlafend.

30

Träger des Lichts

06.05.2020 – Strength hat gerufen.

Sei gegrüßt, du Erdenmensch hier auf diesem Planeten, du Erdenmensch aus den Universen des Seins, des großen allmächtigen Seins ...! Wer verstehen will, verstehe ...! Heute mögen wir weiter an den Texten arbeiten. Es wird Zeit – es ist Zeit – jetzt!

Lange ist es her, da sah die Erde nicht so wie jetzt aus. Vielmehr war sie noch im Werden, in Entwicklung. Die Menschen noch sehr primitiv und unwissend in ihrem Wesen. Dann kamen irgendwann »Götter« aus dem Himmel und vereinten sich mit diesen einfachen Menschenwesen. Sie lehrten die Menschen vieles über das Leben und die Bedeutung der Sterne und Planeten, der Sonne, des Mondes und vieles andere. Sie brachten Weisheit, Wissen und Erkenntnis. Sie legten den Samen für das, was ihr jetzt seid. Oder lieber für das, was ihr sein könntet. Leider ist so vieles von dem, was gelehrt und gelernt wurde, im Laufe der Jahrhunderte wieder verloren gegangen.

In diesen Zeiten des einundzwanzigsten Jahrhunderts, v. a. seit 2012, ist jedoch so vieles in Bewegung geraten. Viele Menschen sind wach geworden. »Erwacht«, also spirituell erwacht, wäre für die meisten wohl zu viel gesagt, aber immerhin »wach« ist schon viel und bedeutend effektiver als »schlafen«. Eine wachsende Zahl von Menschen ist inzwischen gar »erwacht« oder leicht erwacht. Oftmals ist ihnen dies nicht mal bewusst. Das ist auch nicht notwendig. Wichtig ist es, zu erwachen und wach zu bleiben. Achtsam zu sein und zu bleiben. Bewusst zu erkennen, wahrzunehmen, daraus zu lernen und so zu Erkenntnissen zu gelangen – Schritt für Schritt. Entwicklung, Entfaltung, Erkenntnis, immer tiefere

Erkenntnis und Bewusstsein führen insgesamt, ganz allmählich, völlig selbstverständlich und fast unbemerkt zu einem wahren spirituellen Prozess des Erwachens.

Erleuchtung ist das, was sich viele wünschen und nach dem sie streben. Tag für Tag. Jede und jeder von euch, der auf dem Weg ist – sich also bewusst spirituell entwickelt – erfährt kleinere Momente der Erleuchtung. Wahrhaft jede und jeder. Erleuchtungsmomente sind allerdings meistenfalls so kurz für eure Wahrnehmung, dass ihr – so es geschieht – erstaunt denkt: »Was war das denn?« Und weg ist es! Erleuchtung ist kein Zustand, kein Dauerzustand. Nicht in dieser Zeit. Das wäre nicht hilfreich. Wenn viele vollends glücklich in Erleuchtung schweben würden, könnten sie nicht lehren, nicht tragen, nicht helfen – in diesen Zeiten auf Erden, wo viele Arten von Lehrern und Lehrerinnen (die sich nicht mal so nennen!) benötigt werden.

Uns ist bewusst, dass manche der zurzeit lebenden Personen meinen, sie seien erleuchtet. Das lassen wir mal so stehen. Wenn diese Aussage ihnen und anderen hilft, lassen wir es so stehen. Was aber bedeutet es, erleuchtet zu sein oder nicht erleuchtet zu sein? Und ist dieser Unterschied wichtig? Und wenn ja, wozu und für wen?

Alle seid ihr göttlich, alle seid ihr Funken des Lichts, des All-Eins, das auch Gott genannt wird. Wenn es so ist, dass ihr alle das Licht der Quelle in euch tragt, dann seid ihr alle durch dieses Licht »erleuchtet«. Und ja, so ist es auch.

Nun ist es leider so, dass viele, viel zu viele, den Kontakt zu diesem Licht – zu einem sehr großen Teil oder sogar völlig – verloren haben. Durch diesen Kontaktverlust scheinen viele quasi »nicht-erleuchtet« zu sein. In Wahrheit sind alle, ja alle Menschen Lichtträger, Träger des Lichts, sei es bewusst oder unbewusst. Daher ist es so wichtig, dass die Menschen wieder lernen, dieses Licht, den Kontakt zu diesem Licht, zu dieser Liebe zu finden, diesem Licht zu vertrauen und den Kontakt aufrecht zu erhalten. Die Selbstliebe ist eine wahre Brücke dazu und wurde bereits beschrieben.

Die Quelle des Lichts und der Liebe hat in den Menschen seinen Sitz symbolisch gesehen im Herzzentrum (Herzchakra) in der Mitte des Brustkorbs. Es ist der Sitz der Seele, die wahrhaft göttlich und unsterblich ist. Dort ist stets beides reichlich vorhanden: Licht und Liebe. Die Quelle ist immerfort da, versiegt nie und möge angezapft, belebt und gelebt werden. Liebe, Freude und Mitgefühl (Empathie) sind die reinsten Gefühle, die am engsten mit der Quelle der Liebe verbunden sind.

Negative Gefühle lösen negative Emotionen und Reaktionen aus. So führen Gefühle von Unwert, Missgunst, Gier, Wut, Groll, Trauer, Einsamkeit etc. von der Quelle weg, führen zu Schmerzen und Blockaden, zur Trennung, weg von sich selbst und damit auch weg von dem wahren Wert des Seins. Der Mensch blockiert Teile in sich, um diese nicht fühlen zu müssen, damit er den Schmerz nicht fühlen und nicht so leiden muss. Er baut ungewollt und unwissentlich Blockaden auf. So betäubt er den Schmerz, verschließt aber damit zugleich auch sein Herz. Das führt weg von der Liebe, weg von der Liebe zu sich selbst. Weg von der Selbstliebe und auch weg von der Seele. Mit solch einem verschlossenen Herzen ist erwachen unmöglich.

Dass viele Menschen trotzdem noch recht gut zu funktionieren scheinen, liegt daran, dass sie noch etwas Kontakt haben, leichte Öffnungen da sind. Würden jedoch stets mehr Menschen mit wahrhaft offenem Herzen im Bewusstsein tiefer Liebe, tiefer Freude und tiefem Mitgefühl leben, so würden das Miteinander und das Verständnis zwischen den Menschen und Völkern so anders und so viel angenehmer und großartiger aussehen!

Könnt ihr euch vorstellen, was das bedeuten würde? Alle oder zumindest eine wachsende Anzahl von Menschen, die stets im Kontakt mit dem inneren Licht wäre? Ja, wenn ihr das irgendwann leben könntet und auch würdet, dann wäret ihr der wahren, gelebten Erleuchtung nahe, sehr nahe.

Was euch außerdem oft hemmt und blockiert, ist paradoxerweise Scham. Die Scham, das Gefühl, nicht in Ordnung zu sein oder sich

»falsch« zu benehmen. Die Scham darüber, zu große Freude, zu viel Liebe, zu viel Mitgefühl, zu zeigen. In euch scheint es ein Muster, eine Art von Stimme zu geben, die euch eintrichtert »Das macht man nicht! So zeigt man sich nicht! Das ist unanständig!« usw. So heilt zuerst diese Scham, sie ist falsche Scham, die uralt und nicht mal immer eure persönliche Scham zu sein scheint. Auch die Scham hat vielfach Schmerzen bereitet. Führt doch auch die Scham weg von dem, was ihr wahrhaft seid. Der Schmerz wurde zwar betäubt, aber zugleich das Herz verschlossen und so ist der Weg ins Licht ebenfalls verschlossen.

Fühlt in euch hinein, findet dieses Schamgefühl und erlaubt ihm, sich aufzulösen. Sendet diesem Gefühl eure persönliche Liebe, euer persönliches Mitgefühl, euer Licht und dann auch eure Lebensfreude und erlaubt dieser Scham, sich zu zeigen, um sich dann in Freude, Mitgefühl und Liebe zu verwandeln. Transformation der Scham in Liebe, Freude und Mitgefühl. In Freude des Seins, ohne Wenn und Aber. In Liebe und Gnade.

Sämtliche negativen Gefühle führen weg von dem, was ihr wahrhaft seid und führen zu Schmerzen. Natürlich werden sich die Schmerzen, die betäubt, versteckt und unterdrückt wurden, erneut zeigen, sobald ihr euer Herz öffnet. Ihr werdet sie wieder spüren. Das ist völlig natürlich und unvermeidlich.

Fühlt hinein, lasst die Schmerzen zu und lasst sie dann los. Sie werden euch nicht überwältigen. Die Schmerzen/Verletzungen entstanden nach und nach und werden sich peu à peu zeigen. Sobald der Schmerz ans Licht kommt, ins Bewusstsein kommt, kann er geheilt werden. Ein Schmerzpunkt nach dem anderen wird sich zeigen. Wenn ihr heile werden wollt, dann fühlt den Schmerz und fühlt die damit verbundenen Empfindungen und Wahrnehmungen sowie die eventuellen Schuldzuweisungen. Vergebt euch selbst und den anderen. Vergebt euch selbst in Liebe und Gnade, auch dann, wenn ihr meint, euch selbst nichts verzeihen zu müssen. Ihr seid, Teil dessen, was geschah. Vergebt ebenfalls den anderen in Liebe und Gnade.

Was geschehen ist, ist geschehen. Ihr könnt jedoch sofort mit der Heilung anfangen. Vergebung, Verzeihung auf tiefster Ebene, in beiden Richtungen ist hier der Schlüssel.

Und um es ganz persönlich zu machen: Du, du alleine trägst die Verantwortung für deine Gefühle. Übernimm du die Verantwortung. Niemand hat die Macht, deine Gefühle zu verursachen. Die Verletzung, die du spürst, hast du dir letztendlich durch deine Reaktion auf eine Handlung oder eine Unterlassung selber beigebracht. So kannst auch nur du diese heilen. So verzeihe dir selbst und den anderen. Sei vor allem auch dir selber gegenüber gnädig!

Sei beim Akt des Verzeihens innig in deinem Herzen mit deiner Liebeskraft verbunden. Diese Arbeit kann tief berühren. Es dürfen Tränen fließen. Das reinigt!

So entsteht Heilung und Befreiung. So gelingt es, in Freude des Seins ohne wenn und aber dem Strom des Lebens vertrauensvoll und zuversichtlich zu folgen.

So wirst auch du zum wahren Träger des Lichts.

Werdet wie die Kinder!
Voller Vertrauen.
Voller Freude, Liebe und Mitgefühl
für die Welt und für einander,
auch und nicht zuletzt
ebenfalls für euch selbst.

Öffnet das Herz!
Lasset das Licht erstrahlen!
Voller Freude, Liebe und Mitgefühl!

So sei es!

31

LICHT–KRISTALLKREIS

21.05.2020 (Christi Himmelfahrt) – Dreamteam

Sei gegrüßt, du Erdenlicht des Seins. Hocherfreut, dass es dir ohne Kaffee so gut geht! Machen heute weiter mit den Texten. Einverstanden? Ja!

Zu einer Zeit, wo die Erde langsam Form annahm und sich die Menschheit weiterentwickelte, nachdem die Saat für die Entwicklung der jetzigen Menschheit gelegt worden war, gab es auf Erden nur wenige Gebiete, wo Menschen in einer Art von Gemeinschaft in Siedlungen zusammen lebten. Die Bekanntesten sind Lemurien und Atlantis. Wir wollen uns heute näher mit den Atlantern befassen und zwar mit der Zeit, wo die Atlanter unter der Erdoberfläche lebten, nachdem das überirdische Atlantis untergegangen war. Wir haben uns dort bereits einiges angeschaut; es gibt allerdings viel mehr zu entdecken, was für die heutige Zeit extrem wichtig ist. Wir nehmen dich mit zu einem Ort und einer Zeit, wo die Forschung für Heilzwecke sehr weit fortgeschritten war, was für die jetzige Zeit hochinteressant ist. So komme mit uns und reise dorthin. Wir führen dich.

Ich bereite mich vor und reise mit ihnen nach Atlantis, zurück in die damalige Zeit. Nach Atlantis unter dem Meer. Ich habe plötzlich wieder Angst, es nicht zu schaffen, es nicht zu packen, nicht zu verstehen.

Höre dann die Worte »Sei ruhig, voll Vertrauen und Zuversicht. Du bist für diese Aufgabe erwählt und wir wissen, dass du es kannst. So mache einfach, voll Vertrauen, Schritt für Schritt. Komm, folge uns!«

Sie nehmen mich in ihrer Mitte und ich werde ruhiger, folge ihnen und schaue mich neugierig um. Wir sind scheinbar in einem unterirdischen Raum. Es ist trotzdem taghell. Von oben scheint eine Quelle des Lichts in diesen Raum hinein zu strahlen. Ich schaue hoch, sehe aber nichts, was dem entsprechen würde.

»Das Licht wird durch Magnetkraft erzeugt, mittels riesiger, klarer Kristalle, sog. Bergkristalle, die künstlich erschaffen oder materialisiert werden. Das Licht ist kraftvoll und klar und hat zugleich ganz besondere heilende Energiefrequenzen, indem zusätzlich farbliche Kristalle verwendet werden. Etwa so wie in dem Heiltempel, den wir im überirdischen Atlantis bereits besucht haben. Dies hier wirkt ähnlich kraftvoll und dennoch ganz anders. Es fehlt das natürliche Licht, die natürliche Sonnenlichteinstrahlung. Allerdings ist das hier erzeugte Licht genau so wertvoll und heilend wie die Sonnenkraft, weil mittels verschlungener Wege und Kurven trotzdem hier in der Tiefe Sonnenlicht ankommt. Dieses Licht wird dann mithilfe von spiegelglattgeschliffenen Kristallen und Diamanten aufgefangen und widergespiegelt, sodass das Licht so taghell wie direktes Sonnenlicht ist.«

»Jetzt stelle dich bitte in das Zentrum des Raumes und schließe deine Augen.«

Ich stehe in der Mitte, die Augen geschlossen und warte ab. Ruhig bin ich jetzt, sehr ruhig. Ich spüre nichts. Merkwürdig ...! Nun spüre ich eine leichte Brise um mich herum. Eine Art Bewegung.

»Halte die Augen geschlossen. Halte die Augen geschlossen und spüre.«

Ich spüre eine seltsame Kraft um mich herum, die mich tief in der Seele berührt. Fremdartig und dennoch vertraut. Was ist das bloß? Ich stehe still, die Augen geschlossen und spüre, fühle. Ich fühle Kraft, Kühle und spüre eine tiefe Berührung.

»Öffne nun bitte deine Augen und schaue dich um, bleibe jedoch dort stehen.«

Langsam öffne ich die Augen. Rund um mich herum stehen sehr große Kristalle angewinkelt im Kreis. Die Spitzen der Kristalle treffen sich in der Mitte, ohne sich zu berühren. Von oben fällt ein Lichtstrahl exakt durch die Mitte des Kristallkreises. Das Licht wird an diesem Punkt durch eine vielfarbige Kristallscheibe geführt, bevor es dann auf mich fällt. Um meine Füße herum bewegen sich sanft vibrierend wunderbare Lichtfarben.

»Jetzt schließe deine Augen wieder und fühle nochmals.«

Das Gefühl intensiviert sich. Es kommen Klänge hinzu. Ich bade in Farbe, Licht, Klang und Ton ...! Ich habe das Gefühl zu schweben, stehe aber fest auf dem Boden. Eine Weile hält das magische Gefühl an, um dann langsam zu verebben. Ich werde aufgefordert, wieder die Augen zu öffnen.

Das Licht ist weg. Die Farben und die Klänge ebenfalls. Die Kristalle sind noch da. Adamis bittet mich zu zählen, wie viele es sind. Ich zähle zwölf Kristallsäulen.

»Durch diese Kristalle wirken die zwölf Räte des ›Rats der Älteren‹* auf die zu heilende Person ein. Es braucht mehrere ›Sitzungen‹ im Stehen. Die Aura solle aufgerichtet sein – wie dies im Stehen der Fall ist – damit die Heilwirkung am effektivsten sein kann. Obwohl alle zwölf Räte bei dieser Art von Heilsession anwesend sind, arbeiten meistens nur ein oder zwei an der Person, um so zu gewährleisten, dass die Person die Energie ertragen, umsetzen und integrieren kann. Die Räte fahren quasi, im Einverständnis mit der jeweiligen Kristallseele, in die Kristalle hinein, um so durch die Kristalle – vom Geistigen aus in das Materielle hinein – Heilung auf einem extrem hohen Niveau zu aktivieren. Äußerst effektiv! Jetzt schließe bitte deine Augen wieder.«

Ich spüre erneut die Kühle und ebenfalls eine leichte Brise. Als ich die Augen wieder öffnen darf, sind die Kristallsäulen verschwunden. Ich frage, ob die Kristalle materialisiert wurden, was die Meister bejahen.

Strength meint dazu: »Ja, und wir hoffen, dass in absehbarer Zeit immer mehr Menschen befähigt sein werden, materialisieren zu können, damit diese Heilmittel, die ohne jegliche Nebenwirkung sind, angewandt werden können, um die Menschen von den vielen unnötigen Krankheiten und Störungen zu heilen. Diese Art von

Heilenergie wirkt sowohl auf psychischer als auch auf physischer Ebene, also psychosomatisch.
Die Zeit der Krankheiten ist bald vorbei. Krankheit ist für die heutige Menschheit nicht mehr notwendig. Das klinkt geradezu paradox, nicht wahr? Wo ›Corona‹ gerade zu herrschen scheint. Corona ist keineswegs lichtvoll und hält dem wahren Licht nicht stand. Es entstand und entwickelte sich in seiner jetzigen Form in der Dunkelheit. Was den dunklen Seiten, den sogenannten Schatten der Menschen entspricht. Viele Menschen, viel zu viele, tragen Ängste und dunkle Schatten, alte Verletzungen und Traumata in sich, die ungelöst, ungeheilt sind.

Diese Ängste mögen in Vertrauen verwandelt werden. Die Schatten mögen Heilung erfahren, mögen ins Licht gebracht werden. Dann kann auch die Corona-Pandemie verschwinden.
Sie wird nicht gebraucht und dennoch ist es scheinbar nötig, dass sie jetzt da ist. Sie zeigt vieles und macht vieles klar, bringt einige Missstände ans Licht. Vieles, was selbstverständlich schien oder wo wohlwollend oder ignorant weggeschaut wurde, ist nun infrage gestellt oder wird neu geschätzt. Mängel in der medizinischen Versorgung und Ausstattung der Krankenhäuser, sowie Personalmangel und schlechte Bezahlung wurden offensichtlich. Miserable Zustände in der großen Fleischindustrie, egal ob menschlich, hygienisch oder die Tiere betreffend, bringen die Ignoranz und Gier der Fleischindustrie ans Licht. Leugnen ist nicht länger möglich. Einige werden vermutlich Vegetarier oder Veganer! Vieles findet plötzlich online statt – in der Firma, in der Schule oder in der Universität – und bringt teilweise mehr Ruhe in dem ansonsten so hektischen Lebensstil. ›Bleibt zu Hause!‹, ist die Devise. Es gibt weniger Verkehr. Kinder freuen sich nach dem strengen Lockdown auf die Schule und ihre Freunde. Lernen so schon früh die wahren Werte kennen. Erwachsene und Jugendliche freuen sich aufs ›Ausgehen‹, Kino, Museum, Theater oder einfach auf ein zwangloses Treffen mit Freunden oder Familie, obwohl auch das alles vorerst nur unter Einschränkungen möglich zu sein scheint. Corona wird jedoch vorbei gehen.

Die Menschen werden das Leben neu wertschätzen lernen und

- finden hoffentlich zum Vertrauen statt zur Angst, zur Liebe statt zur Gier und Macht, finden zur Liebe und Mitgefühl für sich, für die anderen und für den Planeten,
- finden hoffentlich den Zugang zum Schatten in sich selbst, statt weiterhin den sog. Feind im Außen als Ursache für Leiden zu betrachten,
- finden hoffentlich zu dem Bewusstsein, dass nicht der sog. Feind im Außen (der Chef, der Freund, die Eltern, die Partnerin etc.) die Ursache seelischen Leidens ist, sondern dass der Schatten, alte schmerzliche Erfahrungen in einem selbst, der Schlüssel zur Auflösung des sinnlosen Kampfes, des Widerspruchs und des Schmerzes ist,
- finden hoffentlich die Zufriedenheit, die Freude und die Liebe im eigenen Herzen und
- finden damit den Weg, im Einklang mit der Natur und der Schöpfung, angstfrei im Vertrauen zu leben.

Eine so wunderbare Chance!

Wenn sich dann noch hoch lichtvolle Menschen zu ›menschlichen Meistern‹ entwickeln, die das Materialisieren beherrschen, können die Menschheit und der Planet Erde auf vielerlei Ebenen große Heilung erfahren. Macht euch bereit. Alles ist vorbereitet. Wir sind stets direkt neben euch und stehen euch zur Seite. Den Weg zu gehen, ist jedoch eure Aufgabe.

So sei es.«

32

Die geliebte Mutter

25.05.2020 – Das Dreamteam meldet sich und lädt in die Bibliothek ein. So reisen wir gemeinsam.

Edward begrüßt uns strahlend und begleitet uns zu »meinem Team«, das wie stets am runden Tisch sitzt. Ich setze mich auf meinen Platz.

Adamis spricht: »Heute ist eine nächste Phase der Entwicklung eingetreten und wir werden gemeinsam mit Ruana und einer nächsten Inkarnation deiner Gesamtseele mit Namen Artula in andere Dimensionen reisen. Auch Artula war Atlanterin. Ihr drei Frauen mögt reisen und wir begleiten und führen euch, wo es notwendig und angebracht ist. Artula möge die Leitung für euch drei übernehmen.«

Wir drei stehen auf, Ruana und Artula nehmen mich an die Hand und schon geht es ohne Warnung los. Ich höre stets Anweisungen wie »entspanne dich«, »lasse Veränderung zu«, »erlaube die Schwerelosigkeit« etc. Durch die vorherigen Erfahrungen gelingt es mir diesmal recht gut. Mir ist kaum schwindelig und ich bin statt unsicher, nur noch etwas angespannt.

Schon sind wir an einem gänzlich anderen Ort. Es scheint düster hier, feucht und recht kalt.

»Komm, folge uns.«

Sie gehen so rasch voran, dass ich Mühe habe zu folgen. Mein Dreamteam zeigt sich nicht. Es geht über dunkle, moderige Pfade mit links und rechts glitschigen, feuchten Wänden aus dunklem Gestein. Eine sehr triste, beklemmende Atmosphäre hängt in dieser Umgebung. Schließlich erreichen wir eine große, grau erscheinende, nass-feuchte Fläche mit vielen wirr wachsenden Pflanzen.

Die beiden halten mich zurück. »Bis hierhin nur und bitte nicht weiter. Du würdest versinken. Weißt du, was das hier ist?«

»Scheint mir eine Art Sumpf zu sein. Ein Ort der Verwesung und Verwandlung der Materie?«

»Ja, das ist richtig. Wir wollen jetzt die Herrscherin dieses Ortes rufen und sie einladen, mit dir zu kommunizieren. Mehr dürfen wir nicht verraten. Wir rufen nun gemeinsam mit dir die Herrscherin und treten dann zurück. Du bist dann auf dich allein gestellt. So sind die Regel.«

Ich schaue die beiden unsicher an. »Wieso, wieso lasst ihr mich allein?«

»So sind die Regel und wir wissen, du kannst das. Du bist sehr, sehr kraftvoll und dazu sehr liebevoll. Mehr brauchst du nicht. Bitte vertraue deiner Macht, deiner leuchtenden Macht!«

Gemeinsam rufen sie die Hüterin des Ortes und ich stimme mit ein: »Holde Herrscherin und Hüterin dieses Ortes, bitte zeige dich und spreche mit einem Erdenwesen der Neuzeit. Wir bitten dich, sei gnädig und zeige dich!« Wir bitten mehrmals.

Der Morast fängt an zu blubbern, erst leise, dann lauter und noch lauter. Das Wasser steigt an, wir treten zurück und bitten nochmals, die Hüterin möge sich zeigen. Schließlich zeigt sich eine Gestalt, dunkel wie der Ort und mehr Baum als Menschenwesen. Holz und Dreck, denke ich, mit langen Schlieren wie aus algenartigem Efeu statt Haare.

Sie brummt böse: »Wer stört mich da? Wer hat den Mut, mich bei der ›Großen Arbeit‹ zu stören? Was kann denn so wichtig sein? Ein Menschenwesen aus der Neuzeit. Ha, dass ich nicht lache! Diese so ignoranten Wesen trampeln auf mir herum, beuten mich aus, verschmutzen mich und zerstören mich – und damit sich selbst. Mit so was soll ich jetzt reden?«

Ich schaue mich kurz um. Ich bin völlig allein. Vorsichtig trete ich näher und sammle mich innerlich. Gefasst fange ich an zu reden.

»Geehrte Hüterin und Herrscherin dieses Ortes, bitte erlaube mir als eine Art Botschafterin für die jetzige Menschheit zu sprechen. Bitte höre mir zu. Du hast recht, leider sind viele, viele Menschen sehr ignorant und benehmen sich, als wäre alles nur für sie und zum Verbrauchen da. Ohne sich darüber Gedanken zu machen oder sich gar bewusst zu sein, was sie durch ein solches Verhalten für die Ganzheit und die Zukunft verursachen. Es ist jedoch so, dass das Bewusstsein vieler Erdenmenschen ebenso enorm gestiegen ist. Das macht Hoffnung. Wo nun auch noch eine schreckliche Pandemie die Menschen weltweit heimsucht, tritt zurzeit eine noch größere Bewusstseinserweiterung ein, die sich hoffentlich weiter durchsetzt. Ich bin voll Vertrauen, dass wir viele positive Veränderungen vollbringen werden und dass wir das Licht gemeinsam hochhalten und negative, ignorante, dunkle Energien und Mächte transformieren und überwinden werden!«

»Das glaubst du? Wer redet da überhaupt? Wer bist du und wie heißt du?«

Sie kommt näher und scheint neugierig zu sein.

Auch ich bin neugierig: Wer ist sie?

»Mein Name ist Margaretha. Wer ich bin, weiß ich nicht so recht. Ich scheine viele zu sein: Ruana, Rosanna und Artula sind einige mir bekannte Inkarnationen.«

»Ruana, hast du gesagt, und Rosanna und Artula. Lass mich dich anschauen.«

Sie kommt noch näher und ich verneige mich.

Sie sagt verärgert: »Ich verlange nicht, dass ihr Menschen euch vor mir verneigt. Ich verlange nur, dass ihr mich ehrt, mich durch eure Zuneigung und euer Verhalten ehrt. Ich bin eure Mutter und dulde es nicht länger, dass ihr mich wie einen alten Putzlappen ohne Wert benutzt, der nach Gebrauch weggeworfen wird. Ihr habt nichts, aber auch gar nichts verstanden! Was du da von Bewusstseinssteigerung redest, ist gerade mal ein Funken, gar ein Fünklein, ein Nichts. Das reicht mir bei Weitem nicht! Was hast du noch zu bieten?«

»Die Menschen üben Nachhaltigkeit, sparen Verpackung, vermeiden Müll und holen zurzeit große Teile des ganzen Plastikmülls aus dem Meereswasser, wobei Mikroplastik noch ein sehr großes Problem ist. Die Menschen suchen neue Wege und neue unschädliche Materialien. Setzen auf natürliche Quellen ohne Ausbeutung der Erde. Vermeiden die chemischen Heilmittel immer mehr und setzen wo möglich auf Phytotherapie, Homöopathie, Wasserheilung, Energieheilung und Kristallheilung. Es gibt immer mehr Vegetarier und Veganer oder Menschen, die bewusst nur wenig Fleisch von natürlich gehaltenen Tieren essen. Produkte aus ökologischem Anbau werden bevorzugt. Junge Menschen gehen wöchentlich auf die Straße und demonstrieren für einen besseren Klimaschutz. Es ist sehr viel in Bewegung und langsam verstehen mehr und mehr Menschen, worum es geht. Sie finden zu sich selbst zurück und finden zu sich in ihren Herzen. Es braucht Zeit. Der Mensch war extrem maßlos, aber ich bin zuversichtlich, dass sich die kleinen Anfänge durchsetzen werden und immer mehr für die Welt statt gegen die Welt erreicht wird. Die Menschen sind wie Kinder und müssen Schritt für Schritt lernen, Verantwortung zu übernehmen. Sie wissen nicht, dass sie die wahrhaftigen Schöpfer auf dieser Erde sind und die Verantwortung für das, was ist, tragen. Sie sind quasi noch Baby-Schöpfer. Sie lernen aber schnell. Ich bin voll Vertrauen und Zuversicht. Es ist noch ein langer Weg, der Anfang aber gemacht.«

»Du redest schön. Der Mensch Schöpfer. Ja, das ist richtig. Aber er weiß es noch nicht so recht, nicht wahr? Und du vertraust, dass die Menschen es peu à peu schaffen werden? Puh, wie lange soll ich noch warten? Aber gut, du hast recht. Einige positive Schritte wurden getan. In manchen Gegenden dieser so schönen Welt wird die Erde aber geradezu vergewaltigt. Das ist so traurig. Der ›Blaue Planet‹ ist so einzigartig in seiner Schönheit, dass er größte Achtung und Respekt verdient und geehrt werden sollte.

Margaretha, meinst du, dass die Menschen dabei sind, sich zu ändern und dass sie viel bewusster mit den Dingen umgehen werden? Rücksicht nehmen werden und zurück zur überwiegenden Natürlichkeit im weitesten Sinne kommen werden? Du glaubst das und hast Vertrauen in den Menschen? Ach, das tut mir gut. Das Vertrauen und die Güte, die du ausstrahlst, tun mir gut. Das gibt mir Hoffnung und Vertrauen.

Du sprichst auch von Kristallen? Auch das tut weh, wenn zu viele Gesteine rücksichtslos aus dem Erdenleib entfernt werden. Auch da mögen die Menschen achtsamer werden. Zum einen bei der Ernte selbst möge größte Rücksicht und Achtung für die Kristalle walten, statt habgierig nur mit großen Maschinen zu arbeiten. Zum anderen möge die Menge dessen, was geerntet wird, nur auf das Nötigste beschränkt werden. Auch dann, wenn die Kristalle für Heilzwecke verwandt werden.«

»Ich verstehe. Ich bin jedoch der festen Überzeugung, dass die Menschen wieder lernen werden, aus der universellen Energie zu materialisieren. Das tut nicht weh. Davon ist im Universum im Überfluss vorhanden und sie steht frei zur Verfügung. Das Geformte kann gar nach Gebrauch wieder dematerialisiert werden. So entsteht lediglich Gebrauch und kein Verbrauch. Ist eine sehr ökologische Sache, nicht wahr?«

Da lacht die Hüterin laut auf. Das Lachen steigt tief aus der Kehle hoch, leicht grummelnd, aber es klingt zugleich sehr befreiend. Der Dreck fliegt aus ihren Haaren. Das hölzerne Gewand schwindet, während sie voller Freude lacht. Dann steht sie als strahlend leuchtende Gestalt da und kommt noch näher.

»Kleine Frau der Menschen der neuen Zeit, so klein und so mutig, so voller Liebe und im tiefen Vertrauen. Ja, du bist Ruana, du bist Rosanna und du bist Artula und viele andere mehr. Ich freue mich, dass du gekommen bist. Wer ist dein Meister?«

»Adamis, Erdenadamis, Strength und auch Ivanor sind meine direkten Meister«, antworte ich.

»So, so, das ist hohe Meisterschaft und in dir sehe ich ebenfalls Meisterschaft, die sich allerdings noch vollends entfalten darf.«

Sie beugt sich herunter und berührt meine Füße: »Ich trage dich, ich erde dich und begleite dich ab sofort auf besondere Art und Weise. Sei gesegnet, mein Kind. Alles, was du gesagt hast, stimmt. Ich bin hochsensitiv, fühle, spüre und weiß alles. Bin mir stets darüber bewusst, was auf, um und in mir geschieht. Ich fühle und registriere jeden Gedanke, jede Emotion, jede Hoffnung, jedes

Mitgefühl, einfach alles. Und ja, große Hoffnung macht sich breit. Sei du ein Teil davon. Mein Respekt begleitet dich.«

Sie berührt nun kurz mein Herz, dann das Dritte Auge. Mir wird schwindelig, ich wanke. Sofort fühle ich Ruana und Artula an meiner Seite, die mir Halt geben. Als ich mich wieder fasse, ist die Hüterin des Ortes verschwunden.

Es hallt durch die Atmosphäre: »Ich bin eure Mutter, ich nähre, kleide und halte euch und liebe euch. Achtet mich und behandelt mich wie eine geliebte Mutter. ICH BIN GAIA*.«

33

SCHULUNG DER MATERIALISIERUNG

01.06.2020 – Strength

»Sei gegrüßt. Prima, dass du dich meldest. Freut uns sehr. Wir nehmen dich an die Hand und reisen mit dir nach Atlantis. Wir gehen in eine Art Schule und beobachten die Lehre und Vorbereitung für die Kristallisierung, das ›Kristallin werden‹ und die ersten Schritte der Materialisierung.

Zuerst höre zu: Für die Menschen, die bereit sind, diesen Weg zu gehen, ist es äußerst wichtig, den Körper für diesen Prozess intensiv vorzubereiten. Zuerst möge gelernt werden, den ›Magnetischen Kreislauf‹* zu aktivieren und dann auch, diesen mit all seinen Energiemeridianen zu spüren. Bei Bedarf können ätherische* Kristalle in den Körper installiert werden. Diese feinstofflichen, ätherischen Kristalle* hängen eng mit dem Magnetischen Kreislauf zusammen. Im Verlauf des weiteren Übens und Lernens werden unbemerkt weitere Kristalle implantiert, so wie es jeweils benötigt wird. Davon merkt die jeweilige Person nichts, dennoch dient dies ihrer weiteren tiefen Entwicklung.

Die ätherischen Kristalle mögen stets in regelmäßigen Abständen aktiviert werden, wodurch sich der Prozess verstärkt und beschleunigt. Ohne diese wiederholende Aktivierung würden die Kristalle quasi in einen Ruhemodus gehen und sich nicht weiter entwickeln.

Bei jedwedem Missbrauch der Machtmöglichkeiten der ätherischen Kristalle werden diese umgehend völlig entfernt und stehen nicht mehr zur Verfügung. Da die Kristalle ätherisch sind, ist dies für uns leicht und sofort umsetzbar. Es geschieht ohne irgendwelche körperlichen Schmerzen. Sie stehen einfach nicht mehr zur Verfügung. Wir haben aus der alten Atlantischen Geschichte gelernt. Ohne Wenn und Aber dulden wir keine einzige missbräuchliche Verwendung, wie klein auch immer. Nur hoch reine Menschenwesen werden in der Lage sein, diese Kristalle aktiv zu tragen, um sie später auch zu verwenden.

Die Energien der Magnetik und der Liebe mögen stets miteinander in Ausgleich, Balance und Harmonie gebracht werden. Dies ist essenziell für eine harmonische Entwicklung.

Wir nehmen jetzt die nächste Inkarnation von der ›Tafelrunde‹ mit nach Atlantis. Sie steht bereits direkt neben dir. Auch diese Inkarnation ist weiblich. Ihr Name ist Andreanda.«

Ich schaue zur Seite und erblicke ein sanftes und zugleich recht kraftvoll erscheinendes Wesen. Sie trägt ein Atlantisches Gewand, weiß und von Bändern zusammengehalten. Die Haare geflochten und ebenfalls von Bändern gehalten. Ich freue mich so sehr, sie so nah und deutlich wahrzunehmen, dass mir schon wieder leicht schwindelig wird.

Strength legt eine Hand auf mein hinteres Herzchakra und zieht mich wieder fest zurück ins Gleichgewicht. Es wirkt Wunder. Ich staune, er grinst und meint: »Das kannst du auch! Das Herz ist der Mittelpunkt und das Zentrum der Harmonie. Also kein Kunststück, nicht wahr?« Ich nicke und merke mir diesen Heilgriff.

Strength geht voran. Andreanda und ich folgen ihm.

»So, jetzt fasst mich beide an der Hand. Wir gehen jetzt quer durch die Atlantischen Schichten. Seid Geist, nur Geist ...!« Wir fassen uns an. Es gibt einen kurzen Ruck und schon sind wir an unserem Bestimmungsort. Wir stehen vor einem Gebäude.

»Wir sind hier wieder in Atlantis unter dem Meeresspiegel. Etwas Ähnliches gab es ebenfalls überirdisch. Es ist also gleichgültig, wo wir tatsächlich sind. Lasst uns eintreten. Es ist ein Schulungsgebäude, quasi eine Art Universität für fortgeschrittene Studenten. Schaut zu, was geschieht und bleibt außerhalb des Geschehens. Wir dürfen die Zeit, die nicht die unsere ist, keinesfalls stören. Dennoch: Andreanda kommt aus dieser Zeit und kann dir viel erklären. So höre ihr zu!«

Wir gelangen in einen Raum. In der Mitte dieses Raumes befindet sich ein sehr großer, wunderbar klarer, leuchtender Kristall. Rundherum sitzt eine ganze Reihe von jungen Studenten im Kreis, männlich und weiblich. Ihre Hände sind über eine Art Kabel mit dem Kristall verbunden.

Fragend schaue ich Andreanda an: »Was geschieht hier?«

»In diesem Raum findet gerade eine Übertragung des Wissens bezüglich der Aktivierung und Kraft der Materialisierung statt. Sie simuliert dabei eine stetige Wiederholung des Vorgangs, wodurch die Studenten diesen Vorgang assimilieren und beherrschen werden«

»Wie schnell geht das? Stunden, Tage, eine Woche ...?«

»Die Studenten sind bis hier hin bereits einen langen Vorbereitungsweg gegangen, sodass die Einübung relativ schnell geht. Einige kurze Stunden vielleicht und eventuell in einer nächsten Sitzung nochmals wiederholt, dann beherrschen diese jungen Menschen dies völlig und behalten die Gabe ihr Leben lang. Es muss nur regelmäßig geübt werden. Lasst uns weiter zuschauen, es dauert nicht mehr lange, dann ist dieser Durchgang abgeschlossen.«

Etwas außerhalb des Kreises entdecke ich nun einige Lehrer, die sich langsam den Studenten nähern, um einen nach dem anderen kurz an der Schulter zu berühren. Die Studenten lassen daraufhin die Verbindungen in ihren Händen los. Langsam erlischt das Licht im Kristall.

Die Studenten legen sich nun hin, die Füße direkt am Kristall. Klang erfüllt den Raum. Farben tanzen durch die Atmosphäre. Dann Stille, Ruhe. Nur die Atmung der jungen Menschen ist zu hören. Nach einer kurzen Weile stehen sie auf und stellen sich weiter vom Kristall entfernt im Kreis auf. Die drei Lehrer stellen sich nun näher um den Kristall. Sie machen seltsame Bewegungen mit den Händen, während sie etwas Unverständliches murmeln. Und schon verschwindet der Kristall.

Die Studenten bekommen nun den Auftrag, gemeinsam einen ähnlich großen Kristall in diesem Raum zu manifestieren, zu materialisieren.

Ein Student übernimmt die Leitung und spricht: »Ich erde mich, verbinde mich und zentriere mich. Bin mir meiner Kraft und Macht bewusst und werde eins mit diesen gottgegebenen Kräften.«

Dann reichen sich alle die Hände und sprechen gemeinsam diese Affirmation der Kraft: »Wir sind bewusste, kraftvolle Schöpfer. Wir gestallten gemeinsam einen Kristall. In seiner Form und Gestalt, dem vorher an dieser Stelle sichtbaren Kristall ähnlich. Es entsteht der Kristall zuerst in unserem Geist, um dann in der Realität zu erscheinen. Jetzt, JETZT!«

Tatsächlich! Es ist sofort ein klarer Kristall entstanden, dem Original in Größe und Gestalt ähnlich!

Die Lehrer klatschen erfreut in die Hände und sind voller Lob. »Jetzt andersherum.«

Das Gleiche geschieht nun rückwärts und schon ist der Kristall verschwunden. Das ganze Geschehen wird noch einige Male durchgeführt, bis es völlig beherrscht wird. Die Studenten und Lehrer verlassen anschließend den Raum. Der Kristall bleibt stehen.

»Nun ist die Ehre an uns«, meint Strength. Er lässt dreimal zwei Bänder erscheinen und fordert uns auf, die Bänder jeweils in eine Hand zu nehmen.

»Wir setzen uns hin wie die Studenten vorhin, machen es aber schneller! Margaretha erinnere dich, du trägst das, was Adreanda in sich hat, in dir. Du bist sie und sie ist du. Gehe in deine volle Macht und Kraft und aktiviere die alten Erfahrungen!«

Ich nehme die Bänder in die Hand und schließe die Augen. Sofort läuft ein Film mit Suggestionen und Befehlen, Farben und Klängen ab. Dann ein sich ständig wiederholender Aufbau der Materie und der Manifestation, bis es ganz leicht zu sein scheint. Etwas in mir weiß: »Das beherrsche ich jetzt vollkommen.«

Schon erklingt Strength Stimme: »Jetzt hinlegen, Füße an den Kristall«

Farbe und Klang sind sofort da. Dann Stille – Ruhe. Nur unser Atem ist zu hören, oder nicht? Wir stehen auf, Strength geht zum

Kristall, macht seltsame Bewegungen und Töne und der Kristall verschwindet. Wir drei fassen uns an den Händen.

»Jetzt«, sagt Strength, »geht in eure Macht und materialisiert nun hier zwischen uns drei, einen passenden Kristall. Bergkristall, vollkommen klar und rein, sechs Kanten und eine wunderbar symmetrisch geformte Spitze. Der Kristall möge zylindrisch von Gestalt sein. So legt los. Geht voll Vertrauen zu eurer Macht. Seid Macht und Kraft und gestaltet mit mir gemeinsam.«

Ich erde mich, richte mich aus, aktiviere alles, was ich kann, zentriere mich im Herzzentrum und bin Seele, bin Macht und Kraft und Liebe und zugleich Schöpfer. Eine Vision erscheint vor meinen geschlossenen Augen: Ich sehe den neuen Kristall. Er verfestigt sich, oh wunderbar!

»Emotionen weg, sie stören! Völlige Harmonie, Kraft und Macht. Das bist du.«

Der Kristall droht zu verschwinden.

»Macht, Kraft, Schöpferkraft«, wiederholt Strength sanft, aber eindringlich.

Ich reiße mich zusammen und konzentriere mich so fest ich kann. Der Kristall nimmt wieder Gestalt an, friert schließlich ein und scheint da zu sein ...! Ich öffne die Augen und ja, es ist gelungen! »Jetzt kannst du die Emotionen wieder zulassen«, meint Strength lächelnd. »Das war schon mal sehr gut!«
»Jetzt setzt euch bitte einander gegenüber hier an der Seite hin. Fasst euch an den Händen und materialisiert gemeinsam einen kleinen Kristall, so wie wir auch zu dritt den großen gestalteten. Los!«

Wir fassen uns an den Händen und verbinden uns jeweils mit und in uns selbst und miteinander. Gemeinsam erarbeiten wir eine Vision der Gestalt des Kristalls und schon nimmt sie wahre Form an.

»Bleibe in deiner Mitte«, mahne ich mich selbst, »bleibe zentriert und konzentriert.«

Vor meinen geschlossenen Augen erscheint der Kristall.

»Jetzt einfrieren«, denke ich und gehe noch stärker in die Macht und fast ist er da, vibriert noch, ist noch nicht fest. »Einfrieren!, verfestigen im Hier und Jetzt. Ich manifestiere. Hier und Jetzt!«

Es gelingt, ich fühle es, öffne die Augen und tatsächlich: Da steht er zwischen uns. Ein Kristall, vollkommen klar und rein und zylindrisch. Ein Prachtstück.

»Prima«, lobt Strength, »das übe jetzt zu Hause!«

»Soll das ein Scherz sein? Das geht doch nicht!«

»Solange, du denkst, Margaretha, dass das nicht gehen wird, wird es nicht gelingen. Sobald du vertraust, wirst du kleine Gegenstände materiell gestalten können. Übe, werde kristallin und übe, übe, übe und gestalte. So einfach ist das. Dein störendes Denken ist im Wege. Dein Können ist in dir. Du kannst jederzeit Kontakt mit Andreanda aufnehmen. Sie ›lebt‹ ja in dir und ihr könnt gemeinsam üben.«

Ich schaue sie verwirrt an. Sie schaut mich jedoch strahlend an und bejaht das, was Strength soeben gesagt hat.

»Na, dann, wenn ihr meint«, seufze ich nicht ganz überzeugt.

Da klingt es wie aus einem Munde: »Vertraue zutiefst, werde kristallin und übe, übe, übe!«

»Komm, wir gehen zurück«, meint Strength. Und da sitze ich wieder zu Hause auf dem Sofa. Ich bin erschöpft und will nur noch schlafen, was ich dann auch tue und schlafe diese Nacht wie ein Murmeltier tief und völlig im Vertrauen. Ich schlafe ein Loch in den Tag und fühle mich beim Aufwachen voll Kraft und Tatendrang.

34

Das Erdinnere

14.06.2020 – Dreamteam

Komm, mache dich als Projektion klein und wir begleiten dich hoch in die Bibliothek.

Edward empfängt uns und lächelt uns strahlend an, nimmt gar meine Hand und drückt sie mitfühlend. »Harte Zeiten auf Erden. Das geht jedoch vorbei. Halte guten Mut und arbeite fleißig an den Dingen, die wahrhaft von Wichtigkeit sind ...!«

Er führt uns zu den anderen, die bereits am Tisch auf uns warten. Strength und ich setzen uns, während sich Adamis mit uns allen zugleich verbindet.

»Heute«, so spricht er, »ist ein besonders wichtiger Tag. Wir werden deine nächste Inkarnationsperson bitten, uns zu begleiten. Ihr Name ist Esmeralda.«

Sofort steht sie auf und bittet mich und die Meister, mit ihr zu kommen. Eine Weile noch, fühle ich das Dreamteam um mich, dann ziehen sie sich zurück. Ich fokussiere mich verstärkt auf Esmeralda. Auch sie geht wie ihre Vorgängerinnen recht rasch in für mich unbekannte Dimensionen voran.

»Entspanne dich doch! Dir kann nichts passieren. Je entspannter du bist, desto leichter wird die Reise für dich sein!«

Sie hält inne und schaut mir tief in die Augen, während sie eine Hand auf mein Herzzentrum legt. Sie nimmt meine Hand und legt diese auf ihr Herzzentrum.

»Wisse und sei dir bewusst, dass wir eins sind. Wir sind scheinbar getrennt und dennoch eins. Du bist stets geborgen und geschützt. So entspanne dich und komme mit mir.«

Ich verbinde mich nochmals zutiefst in meinem Herzen und mit allem, was ist, und fühle mich nun bedeutend ruhiger.

Wir gelangen in eine schöne Landschaft. Still und friedlich zeigt sie sich. Esmeralda geht vor und deutet auf einen sehr großen und alten, wunderschönen Baum. Es liegen einige Steinbrocken zu seinen Füßen.

»Komm, die rollen wir gemeinsam zur Seite.«

Es zeigt sich eine Öffnung, ein Eingang. Wir treten ein und schauen uns um. Es scheint eine Art Korridor zu sein, der sich einfach in die Erde hinein bildet. Es ist hier erstaunlicherweise nicht richtig dunkel. Wie gehen tiefer und tiefer hinein. Ich habe keine Ahnung, wie lange wir durch diesen Gang gehen.

Dann steht plötzlich ein menschähnliches Wesen mitten auf dem Weg und begrüßt uns freundlich.

»So, da seid ihr endlich. Ihr werdet erwartet. Es ist alles vorbereitet. Hoch erfreut, euch begrüßen zu dürfen. Folgt mir bitte, ich bringe euch zum Zentrum!«

Es wird heller und wunderbare, sanfte Töne und Klänge werden hörbar. Wasser plätschert aus einer unterirdischen Quelle. Das Wasser ist so rein und klar, dass ich am liebsten davon trinken würde. Gesteine und Kristalle zeigen sich im Wasser. Der Weg geht weiter. Schließlich erreichen wir einen sehr großen, weiten Raum mit einem besonderen Dach, das das Licht hindurch schimmern lässt.

»Eine Art durchsichtiges Gestein?«, frage ich meine Begleiterin leise.

»Pst, sie kommt«, warnt sie.

»Sie«, denke ich erstaunt, »wer ist sie?«

Es erklingt ein zartes Rauschen und die Atmosphäre scheint leicht zu vibrieren. Ich schaue mich um und dann sehe ich sie. Noch vage, sanfte Konturen. »Nicht von dieser Welt«, denke ich. Sie bleibt in der Mitte des Raumes stehen und bedeutet uns, da zu bleiben, wo wir gerade sind.

»Erdenmenschen von der Oberfläche, seid willkommen in unserem Reich. Ihr wurdet angekündigt und wir haben euch heute erwartet. So setzt euch doch.«

Auch hier sind keine Sitzplätze zu sehen!

Sie lächelt. »Ach, ihr Erdenmenschen von der Oberfläche, ihr braucht es ja alle noch gegenständlich, nicht wahr? Also gut, lasst uns etwas für euch gestalten.«

Es erscheinen zwei einfache, gerade Stühle. Esmeralda und ich setzen uns. Das Wesen bleibt stehen.

»Ihr seid hier als Abgesandte von der Oberfläche der Erde. Erdbewohner seid ihr. Einige Prüfungen, so heißt es, habt ihr – und besonders eine von euch beiden – mit Bravour gemeistert. Hier im Erdinneren bin ich die Hüterin. So ist es von höchster Wichtigkeit, dass ich mir über das, was ich wahrnehme auf meine Art meine eigene Meinung bilde. Ist euch das recht?«

»Selbstverständlich, ja«, antworten wir.

Esmeralda wendet sich mir zu und erklärt leise, dass sie nun geht und ich auch diese Art von Prüfung alleine durchstehen muss. Sie legt nochmals kurz ihre Hand auf mein Herzchakra. Ich fühle wie große Kraft und Mut mein Herzzentrum erreichen und erfüllen. Voll Vertrauen schaue ich die Hüterin an.

»Was ist die Botschaft, die du uns von der Oberfläche bringst, Erdenfrau? Und wer bist du?«

Ich atme tief durch, überlege, was mir an Wissen zur Verfügung steht, was ich hier einsetzen kann, um zum Verständnis beizutragen und fange an:

»Mein Name ist Margaretha und ich bin irgendwie viele, u. a. Ruana, Angelina, Rosanna, Artula und auch Esmeralda, die eben noch hier war. Ich scheine eine Art von Mission zu erfüllen zu haben, die mir jedoch nicht wahrhaft bekannt ist. Ich nehme an, dass du als Hüterin der ›Inneren Erdreichen‹ sehr unter dem zerstörerischen und rücksichtslosen Verhalten der Menschheit auf der Erde zu leiden hast.«

»Jawohl, so ist es!«

»Das Bewusstsein der Menschen steigt. Die Menschen fangen langsam an, sich zu ändern, Verantwortung zu übernehmen und ihr Herz zu öffnen. Zaghaft noch, das stimmt. Jedoch steigt die bewusste Wahrnehmung dessen, was ist, wie auch die Weitsicht und der Durchblick im großen Zusammenhang der Dinge. Ich bin voller Hoffnung, dass sich vieles bessern oder gar heilen wird. Auch für die inneren Welten der Erde. Was können wir für die Innenwelten tun? Was ist hier eure Hauptaufgabe und wie können wir da unterstützen?«

»Ihr könntet u. a. unterstützen, indem ihr beispielsweise die Gewässer, die letztendlich mit unseren Gewässern eins sind, rein haltet. Sie frei von Chemikalien und anderen schädlichen Stoffen halten. Es wäre wichtig, wo irgend möglich, insgesamt auf natürliche Mittel zurückzugreifen, so wie in früheren Zeiten. Das wäre nicht nur wichtig für unsere Welt hier, sondern ebenfalls für das Leben auf der Erdoberfläche. Es gibt keine wahrhafte Trennung zwischen oben und unten. Wir hier unten dienen dem Erdinnere – quasi dem Innenleben von Mutter Erde –, dienen zugleich aber auch der direkten Erdoberfläche. Wir halten zusammen mit anderen Wesenheiten u. a. die Balance zwischen dem Erdinneren und der Erdoberfläche aufrecht. Richten die Magnetik zwischen beiden aus und halten die Verbindung mit dem Kristallgitter, das direkt auf der gesamten Erdoberfläche liegt, damit eine stetige Ausbalancierung stattfindet und ein sicheres Gleichgewicht in und auf der Erdoberfläche erhalten bleibt. Wir arbeiten eng mit den Erdengeln und mit den anderen feinstofflichen Wesen, auch Elementarwesen genannt, zusammen. Alles steht mit allem in Verbindung und muss fortwährend in Balance gehalten werden.

Wer weiß schon von unserer Existenz und von unserer Arbeit, die so wichtig ist, gerade auch für eure Existenz. Wir haben eine eigene Welt mit kleinen Dörfern und einer eigenen Versorgung mit allem, was gebraucht wird. Die hier dienenden Wesen sind wie Menschen. Bei uns ist es kühler, deswegen sind sie etwas behaarter. Sie bekommen nur Kinder, wenn dieser Nachwuchs benötigt wird, aber ansonsten sind sie quasi wie ihr. So seid sehr achtsam da oben auf der Erde und wisst um all das, was hier unten auch für euch geleistet wird.

Bist du wirklich der Auffassung, dass sich die Menschen ändern und achtsamer mit diesem so wunderbaren Planeten Erde umgehen werden?«

»Ja, es hat bereits begonnen und ich bin voll Vertrauen, dass es eine große, intensive Umwandlung und Transformation geben wird. Viele, viele Menschen sind sich bewusst, dass es so nicht weitergehen kann und darf. Außerdem herrscht auf Erden gerade eine Pandemie, die sehr einschränkende Maßnahmen für das tägliche Menschenleben mit sich brachte und bringt. Dies ließ Menschen zu Hause bleiben und zu einer gewissen Nachdenklichkeit kommen. Wenn manche Menschen auch mit Ungeduld, Ängsten oder gar Panik, Verärgerung und Wut reagierten und reagieren, ist die Mehrzahl der Menschen doch zu sich gekommen. Sie hatten Zeit, ihr Leben zu überdenken und evtl. etwas zu ändern. Wenn auch nicht jede(r) etwas ändert, werden dennoch viele zumindest einige Schritte Richtung ›bewusstem Leben‹ machen, vieles hinterfragen und selber Verantwortung übernehmen. Das sind wichtige Schritte.«

»Du bist hier bereits bekannt, du warst als Heilerin und Channel schon hier und hast deinen Erdenführer und auch mich schon vor einigen Jahren kennengelernt. Damals hast du nur meine Energie gespürt. Heute hast du auch meine Gestalt wahrgenommen. Weißt du, wie mein Name lautet?«

»Ich ahne, dass du Lady Nadja* bist.«

Sie lacht fröhlich mit einem reinen, silbernen Klang. »Ja, das bin ich, so werde ich genannt!« Sie zeigt ihr wunderschönes Feenlicht, das sie nun strahlend umgibt. Ein Feenlicht, durchwoben von sanft schimmernden, zarten Tönen aus pastelligem Rosa, Blau und Grün.

»Hier in unserem Reich empfangen wir sonst keine Menschenwesen. Für dich machen wir allerdings auf Empfehlung eines hohen Meisters der Liebe eine Ausnahme. Du bist eine Botschafterin. Eine Botschafterin der Liebe für die Erde, für die Menschen und für die unsichtbaren feinstofflichen Wesen. Du bist gesandt worden, ob es dir bewusst ist oder nicht. Das ist die Wahrheit. Das sollst du wissen. Ich bitte dich, Margaretha, nimm deine Macht vollends an. Zögere nicht länger. Lebe und sei das Bewusstsein und das Wissen um deine Macht und deine Aufgabe. Akzeptiere deine Macht und deine Aufgabe. Lebe sie! Es ist Zeit. Es ist höchste Zeit!

Nun die Botschaft für die Menschenwesen der Erde.

Hier ist das Erdzentrum. Hier ist die Erdzentrale, unsichtbar für die menschliche Wahrnehmung. Unsichtbar für das physische menschliche Auge. Nur wer wie du anders sehen kann, kann mich – wie auch die anderen feinstofflichen Wesen hier oder auf der Erde – wahrnehmen. Wir werden auch Elementarwesen genannt: Feen (Erdengel), Gnomen, Elfen, Zwerge und auch Baumfaune z. B. Es gibt auch noch andere Naturwesen, wie z. B. Feuer-, Luft- und Wasserwesen.
Wir werden überall auf der Welt wahrgenommen und wirken auch weltweit. Wir alle wirken erdbezogen, sind extrem wichtig für die gesamte Natur. Alles ein Märchen? Nein, Realität. Feinstoffliche Realität!

Es ist uns eine Ehre, dich näher kennenzulernen. Deine Fähigkeit des Vertrauens und der Liebe für die Menschen hat sich bereits herumgesprochen. Wir sind wie du voll Vertrauen, dass die Menschen es schaffen werden, der Erde zu dienen und sie zu lieben, statt sie zu zerstören.
Vieles liegt schon bereit, wird jedoch von Menschenwesen, die machtbesessen sind, noch zurückgehalten. Viele Krankheiten könnten schon jetzt geheilt werden, wenn dieses Wissen freigegeben würde. Es ist Zeit. Es ist höchste Zeit.
Gib du bitte den Menschen auch dieses Wissen um unsere so immens wichtige, – wenn auch unsichtbare – Arbeit weiter. Sie ist elementar wichtig für die Erde und die Menschheit.«

Inzwischen ist sie mir sehr nahe gekommen. Ich stehe auf.

Sie legt ihre Hand auf mein Drittes Auge und spricht: »Noch tieferes inneres Sehen möge entstehen und dir gewährt werden.

So sei es.«

Sie legt die Hände vor der Brust zusammen und schaut mir tief in die Augen. Ich lege ebenfalls die Hände vor die Brust und verbeuge mich leicht. Sie tut es mir gleich und weg ist sie.
Esmeralda ist sofort an meiner Seite, auch die Meister sind da.

Ich finde mich auf meinem Sofa wieder. Es ist weit nach Mitternacht.

35

Atlantis – Lasst euer Licht strahlen

26.06.2020 – Dreamteam

»Sei gegrüßt, du Erdenlicht des Seins. Heute wollen wir eine neue Erfahrung machen. Sei bitte achtsam und sehr wach! Nimm bitte einen tiefen Atemzug und reise mit uns.«

Ich bereite mich vor und erstelle eine Projektion meines Seins.

»Wunderbar, so lasst uns reisen.« Adamis und Strength fassen meine Hände und schon geht es los. Wir reisen körperlos über Berge und Täler, reisen durch Schichten und Dimensionen, bis wir an einen hellen, fast durchscheinenden Ort kommen. Sie halten meine Hände weiter fest, bis ich mich in dieser neuen Energie selber halten kann.

»Wo sind wir?«, frage ich.

»Schau dir diese Welt an und fühle hinein. Was nimmst du wahr?«

»Ich spüre Atlantis und doch nicht Atlantis. Dieser Ort erscheint mir wie ein Traum. Wie ein geträumtes Atlantis, so wie es von vielen heutigen Menschen erträumt oder auch in der Fantasie gezeigt wird. Es scheint mir – in welchem Zeitrahmen auch immer – nicht das reale Atlantis zu sein. Es scheint ein Traumbild, eine Vision zu sein.«

»Exakt, so ist es. Dieses Traumbild vieler, vieler Menschen hat sich über das wahre Bild von Atlantis gelegt. Wir wollen nun den Schleier heben«, meinen die Meister. Sofort schwindet das Trugbild und schon zeigt sich, dass wir in Atlantis unter der Erdoberfläche sind.

»Ja, es ist Atlantis in der Zeit der Endphase. Es besteht eine gewisse Übereinstimmung mit dem jetzigen globalen Geschehen auf Erden. Schau dich um. Was siehst du, was nimmst du wahr?«

Ich schaue und spüre. »Die Menschen scheinen verwirrt, unruhig. Es scheint Druck und Unsicherheit zu herrschen, gar Angst. Die Hohepriesterin ist von ihrem Platz und aus ihrer Funktion enthoben. Es scheint in den oberen führenden Teilen von Atlantis Machtmissbrauch zu geben. Viele Forscher haben ihre Integrität verloren und forschen an Mensch und Tier. Es sieht wie Genmanipulation aus, es entstehen entartete Gestalten, wie ich sehe. Das normale Volk ahnt, dass wichtige Dinge geschehen, kann aber nicht erfassen, was genau geschieht. Die Kristalle werden in Sachen Energie extrem hoch ausgereizt und scheinen dabei ihre Reinheit zu verlieren. Dies könnte zu Explosionen führen, wie ich weiß. Was geschieht hier? Gibt es wirklich eine Parallele zum jetzigen Zeitgeschehen auf Erden?«

»Schau: Auf Erden steigt die Energie an und immer mehr Menschen erwachen und lassen die Schwingungen dadurch höher steigen. Die Erdenschwingung steigt und in den Menschen entstehen mehr Liebe, mehr Licht und mehr Vertrauen in sich selbst, was zugleich zu mehr Mitgefühl und Gnade für anderen führt, sowie zur Übernahme von Verantwortung.

Es gibt Kräfte auf dieser Erde, die dadurch an Macht verlieren (könnten) und sich bedroht fühlen. Sie treten nicht offen in Erscheinung, sind quasi unsichtbar. Sie schlagen jedoch auf ihre Art zurück. Missbrauchen ihre Macht auf ungeahnte, ungekannte Art und Weise. Gerade jetzt, in dieser Zeit. Ihr müsst euch irgendwie arrangieren. Wer von euch Menschen kennt die Wahrheit über das, was tatsächlich geschieht?

Das damalige Geschehen in Atlantis war ein Geschehen, das letztendlich zum Untergang von Atlantis führte. Dass so etwas Ähnliches nochmals – in ungeahnter Größe – geschieht, soll und möge unbedingt vermieden werden. Dies ist von hoher Hand entschieden worden. Dazu wird jedoch euer aller Hilfe und Unterstützung benötigt!

Die Schwingungserhöhung des Planeten Erde ist gewollt und vorgesehen. Die Menschen werden gebraucht. Die Erde ist der Planet der Menschheit. Die Menschen wachsen und entwickeln sich hier immer weiter und höher. Sie werden immer lichtvoller und dies geschieht gemäß dem göttlichen Plan. Die Erde ist für die Menschen da und die Menschen sind für die Erde da. Sowohl die Erde als auch die Menschen erhöhen ihre Schwingungen. Nochmals: Dies ist gewollt.

Das jetzige, negative, vielschichtige Geschehen droht aus dem Ruder zu laufen. Angst, Panik und Verzweiflung sind in eurem eigenen Energiefeld und im ganzen kollektiven Feld deutlich spürbar. Dies erdrückt die Lebendigkeit und das Vertrauen sehr vieler Menschen, erdrückt das Licht und die Liebe. Vieles, was normal war, ist nicht oder nur eingeschränkt erlaubt. Es entsteht viel Druck und Kontrolle. Es scheint plötzlich auch viele ›Polizisten‹ zu geben.

Angst, Panik, Leid und Verzweiflung schädigen das Immunsystem und dämpfen das wachsende Licht bzw. löschen es sogar. Gibt es etwa Kräfte, fehlgeleitete dunkle Kräfte, die genau das erreichen wollen? Kräfte, die die menschlichen Schwingungen möglichst tief halten wollen? Kräfte, die die Menschheit manipulierbar, angepasst und klein halten wollen?

Was auch immer die Wahrheit des Geschehens ist, Einschränkungen des täglichen Lebens scheinen kurzfristig durchaus sinnvoll und für kürzere Zeit durchführbar und annehmbar. Teilweise haben diese Maßnahmen bei vielen Menschen ebenso tiefe positive Veränderungen gebracht. Viele leben ruhiger, sind nachdenklicher geworden. Schätzen viele Dinge auf neue Art und Weise. Haben andere, teils bessere Arbeitsmöglichkeiten erhalten. Haben mehr Zeit und Raum bekommen.

So ist diese Krise zugleich eine große Chance. Seid bitte achtsam, beachtet und beobachtet die Gesamtentwicklung genauestens. Freiheit und Gesundheit auf allen Ebenen ist das Grundrecht eines jeden Menschen. Seid euch allerdings, Einschränkungen oder nicht, einem bewusst und gewiss:

> *Ihr seid Licht. Ihr trägt den Gottesfunken in euch, ob es euch bewusst ist oder nicht. Lasst euer Licht strahlen. Dieses Licht ist Liebe, göttliche reine Liebe. Dieses Licht kann euch nie-*

mand nehmen. Das Licht überwindet alles und ist letztendlich unbesiegbar! So lasst euer Licht strahlen und leuchten! Unbeirrbar!

Liebe, Licht und Freude überwinden Dunkelheit. Die Dunkelheit kann in wahrer Liebe und Freude, was zugleich Licht ist, universelles, göttliches Licht – nicht existieren. Sie verliert nach und nach ihre Macht. Die Dunkelheit, die Finsternis, kann das Licht nicht ertragen, nicht aushalten. Das Licht erhellt die Dunkelheit. Wenn die Dunkelheit erhellt wird, verschwindet sie und wird zum hellen Licht. Eine wahre Transformation findet statt. Das ist ein großartiger Akt des umfassenden Erwachens. Eine solche Transformation auf diesem Planeten betrifft nicht nur die Erde selbst, sondern hat Auswirkungen auf das gesamte Universum mit all seinen Galaxien und Planeten!

Ihr habt die Macht. Ihr seid Lichtträger, wahre Lichtträger. In diesem Göttlichen Licht wird alles Dunkle überwunden.

Öffnet die Herzen. Macht die Dinge, die ihr tut mit Liebe. Seid euch der Liebe stets bewusst. Überwindet die Emotionen. Überwindet die emotionale Liebe, die von ständig wechselnden Gefühlen beeinflusst wird.

Seid wahre Liebe voller Freude und so bedingungslos wie möglich. Universelle Liebe, die Liebe des Schöpfers *ist* einfach und fließt stets gleichmäßig bedingungslos ohne Wenn und Aber. Lasst bitte eure Liebe, dieser ›Schöpferliebe‹ so nah wie möglich sein. Übt euch darin. Immer mehr und mehr und immer wieder. Gebt nie auf!

Öffnet die Herzen und wisset: Ihr seid die Macht, ihr seid die Liebe, ihr seid das Licht, ihr seid die Schöpfer auf Erden. Es liegt an euch. Euer Vertrauen, euer tiefes Wissen und eure Macht des Lichts werden dringend benötigt. Niemand kann euch dies alles nehmen, nur ihr selbst könnt das – niemand sonst.

So handelt lichtvoll. Entscheidet euch für die Liebe, für das Licht, für das helle Licht. Bitte tragt das Licht, die Liebe, das machtvolle

Göttliche Licht und lasst es vertrauensvoll und angstfrei strahlen, lasst die Neue Erde entstehen. Voller Liebe und voll von Licht. Seid respektvoll und voller Frieden, Freude, Harmonie und Gnade und voll von Mitgefühl für euch selbst und alle anderen.

Entscheidet euch für das Licht,
für das Licht eurer Seele, für die Liebe,
möglichst rein und bedingungslos,
immer wieder und wieder.
Entscheidet euch immer wieder von Neuem
ganz bewusst für die reine Liebe, für das helle Licht.

So sei es.«

36

Licht und Polarität

05.07.2020 – Adamis – Es geht um »das Licht«.

Es war dunkel, sehr dunkel. Am Anfang war es dunkel. Alles war düster. Es war reines »Dunkles Licht« und Teil der Schöpfung, der gesamten Existenz. Nach langer, langer, sehr langer Zeit entstand aus dem »Dunklen Licht« das »Ursprüngliche Licht« und das war helles Licht. Es entfaltete sich, wuchs und wurde immer kraftvoller, bis daraus letztendlich die Polarität entstand. Es ist wichtig zu verstehen, dass dies geschah und unwichtig zu verstehen, wie und warum es geschah. Dies kann der Menschenverstand unmöglich begreifen.

Die Menschheit möge begreifen, dass das »Helle Licht« (das »Ursprüngliche Licht«) und das »Dunkle Licht« zwei Komponente und notwendige Teile der Schöpfung sind. Das helle Ursprüngliche Licht kann nur mittels der Dunkelheit erkannt und erfahren werden. Sobald die Menschen – mehr und mehr und mehrheitlich – die Lebensabschnitte, die dunklen Erfahrungen darstellen, wahrhaft durchleben und begreifen und so in helles Licht verwandeln, wird sich die Dunkelheit durch diese Transformation auflösen.

Die Polarität ist hierbei ein wichtiger Botschafter. Die Polarität, die Dualität in jedem einzelnen Menschen, möge in Non-Dualität verwandelt werden. Dies sind tiefe Prozesse, die nicht ganz einfach zu durchleben sind. Sie sind jedoch notwendig, damit die Menschen lernen und wachsen. Es gibt stets eine Wahl darüber, wie ihr damit umgehen könnt. Ablenkung oder Vermeidungsverhalten wären eine Möglichkeit: »Was ich nicht fühle, nicht wahrnehme, ist nicht« oder seid ihr bereit zu arbeiten und euch zu heilen? Dies wird auch Heilarbeit genannt und ist wahrhaft Arbeit, aktive Arbeit.

Polarität kennt ihr aus dem euch bekannten elektrischen Wechselstrom. Diese Elektrizität ist polar, hat einen Minus- und einen Pluspol. Ein Magnet, wie er euch bekannt ist, hat ebenfalls einen Minus- und einen Pluspol. Gleiche Polen stoßen sich ab, ungleiche ziehen sich an. Auch eine herkömmliche Batterie will z. B. in der Taschenlampe richtig gepolt eingelegt sein, damit die Energie fließt. Dies alles ist einfache Physik. Metaphysisch ist es so, dass sich irdisch zu erlebenden Polaritäten wie Reichtum und Armut, Opfer und Täter oder Weisheit und Torheit als Gegensätze in Plus- und Minuspol zeigen. Die Lehre, die Lektion, besteht darin, die beiden Pole in ein solches Gleichgewicht zu bringen, dass beide zwar da sein dürfen, jedoch in tragender Harmonie in euch leben. Die Waage im Gleichgewicht, in Non-Dualität.

Etwas steht euch bei der Überwindung, beim Balancieren der Polarität im Wege – und das sind eure Emotionen. Sie drohen euch immer wieder zu beherrschen. Hier liegt ein Schlüssel zu eurem Wachstum. Nehmt wahr, dass Emotionen Botschafter sind, die zeigen, dass etwas für euch nicht stimmt, statt euch von euren Emotionen beherrschen zu lassen. Ihr habt die Aufgabe zu schauen, was es ist, was euch stört. Innenschau ist notwendig. Innenschau auf die Gefühle, die die Emotionen auslösen. Die Gefühle und Gedanken, die ihr (oft bewertend) über etwas habt und die dadurch entstandenen fehlerhaften Annahmen – auch Glaubenssätze genannt –, steuern die Emotionen und lassen euch die Kontrolle verlieren. Die Emotionen übernehmen eure Wahrnehmung und euer Handeln in mehr oder weniger großer Verzerrung des wahren Geschehens. Ihr geratet außer euch und landet vollends in die Polarität. Dennoch seid ihr die Chefin/der Chef im Gefüge des Seins. Ihr möget lernen, die Emotionen zu nutzen, um die Gefühle und Gedanken über die Dinge selber zu steuern, statt euch außer Rand und Band von den Emotionen steuern und beherrschen zu lassen. Übernehmt auch hier die Verantwortung. Heilt alte Verletzungen, die dieses Chaos verursachen, diesen chaotischen Tanz zwischen den Polen.

Ihr neigt dazu, andere für euer Chaos schuldig zu sprechen: »Er/sie hat dies und jenes gesagt/getan und mir damit so weh getan. Wie konnte er/sie nur? So ein schrecklicher Mensch. Dabei hielt ich ihn für einen Freund!« Was geschah? Der Freund/die Freundin traf möglicherweise völlig unbeabsichtigt einen wunden Punkt, eine alte Verletzung. Wahrscheinlich aus der frühen Kindheit. Und schon sprang das Chaos in euch an. Er oder sie ist zwar der Auslöser, ihr seid aber für eure Reaktion verantwortlich. Hier liegt die Lernaufgabe. Es gibt viele Lektionen, die zu lernen sind, damit ihr wachst und euch zum wahren Sein der Seele entwickelt.

Beim Opfer-Täter-Beispiel ist persönlich zu fragen, was passiert: »Bin ich das Opfer meines Freundes und ist er der Täter?« Schau genau hin. Hat er dich bewusst schlecht behandelt? Machte er dich zum Opfer oder warst du das selbst? Gingst du in die Opferrolle und hast gelitten? Gab es dann überhaupt einen Täter? Sobald du aber aus deiner Opferhaltung heraus reagieren würdest, mit z. B.: »Du Böser, das hast du mir angetan, du wirst schon sehen, was du davon hast!«, könntest du zum Täter werden. Das wäre quasi »Krieg«. Bedenkt, ihr habt stets die Wahl. Ihr habt den freien Willen.

Innenschau ist hier der nächste Schlüssel. Innenschau, Vertrauen und Liebe zu euch selbst. Stört euch etwas im Außen, schaut nach Innen, findet dort Ruhe und Frieden. Ihr müsst kein Chaos aushalten, euch jedoch vertrauensvoll hingeben. Schauen und Fühlen, Zulassen und Annehmen. Lasse die Dunkelheit zu, die Leere des Dunklen Lichts, um alte schmerzhafte Muster aufzugeben und neu zu entscheiden, wer du wahrhaft bist.

Gebt euch der Wahrheit eurer Seele voll Vertrauen hin. Das alles seid ihr. (Er)findet euch auf dieser reinen Basis neu – immer wieder, nach und nach. Heilt ein Muster nach dem anderen. Findet die Wahrheit eurer Seele und lebt sie. Überwindet die Polaritäten des Seins. Bedankt euch im Geiste bei den Personen im Außen, die euch – meist völlig unbewusst – eure wunden Punkte spiegeln. Ohne sie hättet ihr diese wahrscheinlich gar nicht wahrgenommen und gefunden.

Versteht: der Minuspol der Polarität, ist genau so wichtig und lehrreich wie der Pluspol. Beide Pole sind für euer Wachstum und eure Entwicklung notwendig. Das Dunkle Licht ist ebenso notwendig wie das helle Ursprüngliche Licht. Dunkle Erfahrungen sind die besten Lehrmeister und lehren, das wahre helle Ursprüngliche Licht zu erkennen. Im Licht kann das Licht nicht erkannt werden.

Werdet euch bewusst, dass Harmonie und Gleichmut nur in der Mitte möglich sind. In der Mitte der Spanne zwischen Täter und Opfer, im Zentrum der jeweiligen Polaritäten, liegt das reine Sein. Die Einheit. Die Ganzheit. Da ist die Polarität/Dualität überwunden. Das ist reines Sein, reine möglichst bedingungslose Liebe und das reine Ursprüngliche Licht deiner Seele. So wird das Dunkle Licht in euch transformiert. Das Dunkle Licht geht weg, es erlischt. Das wahre Licht, das reine Ursprüngliche Licht deiner Seele/eurer Seelen, kann nun eintreten. Das ist reine Transformation in der höchsten Ordnung.

So wachst und entwickelt euch. Seid achtsam mit euren Emotionen, damit Blockierungen vermieden oder gelöst und Lektionen der Dualität überwunden werden können. Non-Dualität bedeutet Frieden, Harmonie, Gleichmut (Cave: nicht Gleichgültigkeit!), Demut, Gnade und Annahme von allem, was ist und je sein wird. Anders ausgedrückt: Non-Dualität führt zu wahrer (innerer) Freiheit. Ein hohes Gut, wohl wahr!

Die Annahme dessen, was ist, bedeutet nicht, dass ihr tatenlos zuschauen müsst. Im Gegenteil. Schon vergessen, dass ihr die Schöpfer seid? Es bedeutet jedoch, dass ihr erst einmal annehmen müsst, was ist. Voller Liebe, Gnade und Mitgefühl. Handelt und leitet von dieser Warte aus positive Veränderungen ein. Ihr bekommt jegliche Unterstützung ...!

Erkennt die euch eigene schöpferische Kraft und übernehmt Verantwortung für das eigene Schicksal. Strebt nach Ganzheit. Innen wie Außen. Tut all das, was in eurem Vermögen liegt. Das ist alles, was notwendig ist. Übernehmt die Verantwortung. Strebt nach Meisterschaft. Werdet euer eigener Meister.

Dies ist der Weg zum Erwachen
und zum wahren Licht eurer Seelen.
Badet im Lichte eurer Seelen.
Das wahre Licht des Seins.

37

Corona

Botschafter der Dunkelheit und des hellen Lichts

09.07.2020 – Strength – Bist du bereit? Es geht los! Sei bitte alert, achtsam und klar!

In der Zeit, als Atlantis bereits längst unter der Erdoberfläche installiert wurde, geschah es, dass die Ganzheit zerfiel. Die Integrität der, man könnte sagen »leitenden Autoritäten«, zerbrach. Sie »vergaßen« die Reinheit ihrer Aufgaben und handelten mehr und mehr eigenmächtig und den Naturgesetzen entgegengesetzt. Sie hatten sich stark von der Ganzheit im umfassend reinen Sinne entfernt und waren, wie ihr sagen würdet, voll im Ego gelandet. Sie waren sich dadurch der Gefährlichkeit dessen, was sie taten, nicht mehr bewusst. Sie handelten rein materiell ohne jegliche Rücksichtnahme auf schädliche, gefährliche Einflüsse. Sie sahen nur das, was sie sehen wollten und hatten die Fähigkeit, sich von der Natur und Ganzheit führen zu lassen, völlig aus den Augen verloren. Nicht alle Autoritäten handelten so. Diejenige, die ihr Bewusstsein erhalten hatten, verloren jedoch mehr und mehr die Achtung und damit den positiven Einfluss und wurden gar verachtet. Dies alles führte letztendlich zum katastrophalen Untergang von Atlantis.

Die Parallele zum heutigen Geschehen auf Erden ist so deutlich sichtbar, dass wir darauf nochmals mit tiefem Nachdruck aufmerksam machen. Die Größenordnung einer solchen Katastrophe, wie sie in Atlantis passierte, wäre für den jetzigen Planeten Erde unfassbar und würde sich unvorstellbar verheerend mit extremsten Folgen auswirken. Dies soll unbedingt vermieden werden.

Der Mensch kann nicht auf Kosten der Natur und Ganzheit auf Erden überleben. Der Mensch muss umkehren. Jetzt.

Schaut euch bitte die Schäden an, die durch ausgesprochen materialistisches Denken und Handeln entstanden sind. Der Mensch hat verhältnismäßig große Teile der Erde »verstädtert« und stets mehr von der umliegenden Natur zerstört. Die Tierwelt, die Naturwelt mit all ihren Kreaturen, zieht sich immer mehr zurück. Der Mensch erobert stets größere Fläche für Städte, den Anbau von Nahrung, die Viehzucht und die Futtermittel dieser Tiere. Große Weidegebiete für Rinderzucht entstanden und entstehen. Die Naturwälder müssen weichen. Anbauflächen mit Mais, Soja und anderen Kulturen entstanden und entstehen in Form riesiger Monokulturen auf unvorstellbar großen Flächen. Der Urbevölkerung wird ihr Land und damit ihre Lebensgrundlage genommen. Ihre Gesundheit durch angewandte Chemikalien bedroht. Armut, Hunger und Krankheit sind die unübersehbaren Folgen in diesen Gebieten.

Kurz gesagt: massive Ausbeutung der Umwelt, der Tierwelt, der Menschenwelt, Zerstörung der Ökosysteme und rasant steigende Urbanisierung. Dazu kommen alle die Tatsachen, die wir in früheren Botschaften schon erwähnt haben und auch die, die wir nicht erwähnt haben.

Nun ist die Corona-Pandemie da. Weltweit. Ihr seid völlig überrascht und versteht es nicht. Versteht bitte, dass die Tierwelt immer näher an den Menschen kam, weil ihr Menschen den Tieren den Raum genommen habt. Ihr zieht massenhaft Tiere unter erbärmlichen Umständen groß, um sie dann als Nahrungsmittel zu verwenden. Auch die sog. Verarbeitung der Tiere geschieht überwiegend, brutal, lieblos und schädigend für Tier und Mensch. Währenddessen steigt der Fleischverbrauch weltweit an. Ein Zusammenhang zwischen der jetzigen Pandemie durch das Coronavirus SARS-CoV-2 und Tieren ist nicht zu leugnen. Die ganze Problematik ist allerdings sehr umfassend und keineswegs eingleisig.

Seid ihr Menschen also schuldlos an dem, was passiert? Nein! Versteht und wendet euer Schicksal. »Back to the roots!« Ihr müsst nicht bei null anfangen, jedoch umkehren und zwar sofort. Ist Corona menschgemacht? Nein, nicht direkt, jedoch durch das Verhalten der Menschheit auf Grundlage von Ursache und Wirkung entstanden und verursacht. Wie gesagt, die Problematik ist umfassend und mehrgleisig.

Corona kommt als Botschafter der Dunkelheit, jedoch zugleich als Botschafter des hellen Lichts. Eine Chance – ergreift sie! Ein Weckruf, eine Chance für die Welt, für die Menschheit! Nehmt sie wahr, nehmt sie an und handelt dementsprechend!

»Rettet die Welt« ist nicht nur ein Slogan, sondern das einzig Mögliche, das die Wende einleiten kann und hoffentlich wird.

Ihr seid die Schöpfer. Versteht ihr langsam eure Macht und eure Chancen? Nicht: »Die (die Politiker und Mächtigen dieser Welt) machen schon.« Nein, ihr seid gefragt. Jede und jeder von euch ist gefragt, im positiven Sinne dazu beizutragen, neu und überlegt zu handeln. Politik, nennt sie sich auch noch so demokratisch, kann diese Wende unmöglich erreichen, aber ihr könnt es.

Jeder, der jetzt fragt »Was kann ich denn tun?« hat noch nicht verstanden, dass auch er und sein Handeln oder Nicht-Handeln von größter Wichtigkeit ist. Die Erde braucht euch, um sich zu entwickeln, so wie ihr die Erde benötigt, um euch zu entfalten. Jede(r) hat ihre/seine eigenen Gaben, Stärken und Möglichkeiten. Die meisten von euch haben dies leider noch nicht verstanden, nicht erkannt. Daher die große Bitte, dass diejenigen, die verstehen, positiv handeln und ein deutlich sichtbares Beispiel für andere sein mögen. Auch bei Fragen bitte geduldig erklären, immer wieder erklären, warum dies so wichtig ist. Überzeugung durch Beispiel ohne viele Worte ist maßgebend!

Lernt von Atlantis, lernt durch Corona! Die alten Fehler mögen überwunden werden. Noch ist Zeit für eine sofortige Wende. Der Spielraum jedoch knapp. So leitet die dringend notwendige Wende jetzt nicht nur im Geist und Spirit ein, sondern bitte, bitte, ebenfalls praktisch, irdisch orientiert. Werft das Ruder um. Lasst euch von Geist und Spirit leiten und nutzt Verstand, Intelligenz, sowie Intuition und Mitgefühl, um die notwendigen Veränderungen auf den Weg zu bringen.

Ihr seid wichtig
Ihr seid so immens wichtig
Macht euch auf den Weg
Ihr bekommt jede universelle Unterstützung
Machen jedoch müsst ihr!

Was ich als magnetischer Atlantischer Meister mit dieser ganzen (Umwelt)-Problematik auf Erden zu tun habe? Auch ich war einst u. a. auf der Erde inkarniert. Jetzt begleite ich aus der geistigen Welt und auch auf andere Arten. Die Erde ist mir stets sehr nah und vertraut. Ich liebe die Menschen und auch die Erde.

Schaut: Das was die Menschheit an Negativität in Form von Kriegen, Ausbeutung, Gier, Machtgehabe, Rücksichtslosigkeit, Zerstörung und vieles andere mehr erschafft, ist nicht durch Kristallkraft und/oder Magnetkraft zu neutralisieren oder zu heilen. Auch nicht durch die so immens große reine und bedingungslose Liebe unsererseits.

Hier sind eure Kräfte gefragt. Sobald eine positive Veränderung eingeleitet wird, erhaltet ihr nicht nur unsere Unterstützung, sondern ebenfalls eine große universelle Unterstützung. Wer diese Kraft schon einmal erfahren hat, sei es durch mich oder durch andere positive, universelle Geistwesen, weiß, wie kraftvoll und überraschend wir unterstützen können. Ihr aber, ihr seid die Brücke. Ihr besitzt die schöpferische Kraft der Veränderung. So habt Mut und handelt. Vertraut eurem Licht, eurer Kraft und euren Eingebungen. Und achtet besonders auf sogenannte »Zufälle«.

Ihr seid nicht allein.
Den Weg zu gehen,
ist jedoch letztendlich eure Aufgabe.

38

IM EINKLANG MIT DER NATUR

13.08.2020 – Dreamteam

Nun ist die Zeit dafür reif, dass die Menschen verstehen, warum es in dieser Zeit der Schwingungserhöhung wahrhaft geht. Es geht um die Menschheit und es geht um die Erde. Und es geht um alle Lebewesen, unzählig viele, die auf, um und in der Erde sowie rund um die Erde existieren, in welcher Form oder Gestalt auch immer, seien sie für euch sichtbar oder nicht sichtbar. Es geht um Heilung und Erkenntnis, sowie um Wiedergutmachung dessen, was den Schöpfungsgesetzen widerspricht und dabei zerstörerisch gewirkt hat und wirkt.

Zugleich geht es darum, eure Menschlichkeit zu erhalten oder gar wiederzugewinnen. Es umfasst die Transformation des Geistig-spirituellen und dessen Harmonisierung mit und in der materiellen Erdenebene. Beide Ebenen mögen ins Geleichgewicht gebracht werden. Wachstum und Entwicklung sind ein universelles Gesetz und auf beiden Ebenen gewollt. Allerdings nicht auf Kosten von-, sondern im Einklang miteinander. Beide Ebenen sind unwiderruflich eng miteinander verbunden.

So ist es extrem wichtig, dass das Geistig-Spirituelle seinen Platz im Einklang und Harmonie mit dem Materiellen einnimmt und gestaltet. Stets möge die Ganzheit und die verschiedenen Wechselwirkungen zum höchsten Wohle aller beachtet und berücksichtigt werden. Das zurzeit herrschende Ungleichgewicht benötigt dringend Richtigstellung, Ausgleich. Die Ressourcen der Erde müssen dabei geschont werden. Ersatzmöglichkeiten mögen gefunden werden.

Es ist nicht so schwer, wie ihr denkt. Euer Denken, euer materialistisches Denken, welches noch überwiegend in der dreidimensionalen Ebene verankert ist, möge durchleuchtet und analysiert werden. Alles, aber auch alles lässt sich ändern. Ihr müsst nur bereit sein. Bereit andere Wege, neue Wege, zu gehen, miteinander und mit der Erde, mit den Ressourcen, hin zu nachwachsenden Rohstoffen und einer höchst möglichen Wiederverwendung von Materialien. Recycling ist ein Begriff, der klar ausdrückt, dass Materialien der Wiederverwendung zugeführt werden, statt sie zu verschrotten oder irgendwo auf oder in diesem Planeten zu lagern.

Es gibt bereits so viele wunderbare Ansätze. Es ist wahrhaft möglich, ohne Müll und im Einklang mit der Natur zu leben. Sämtliche natürliche Materialien können wiederverwendet werden, bis sie schließlich vergehen, um wieder zum Teil der Natur zu werden. Neue Methoden werden entwickelt, neue Materialien werden erschaffen werden. Wenn ihr diese Entwicklung alle unterstützt, wird sie mit Leichtigkeit geschehen und gelingen. Wie gesagt: Sobald ihr Schritte macht, seid ihr nicht mehr auf euch allein gestellt, sondern bekommt unerwartete universelle Unterstützung auf höchstüberraschende Weise.

Habt Vertrauen! Handelt! Verbindet euch, tauscht euch aus, teilt Möglichkeiten und Ideen und setzt sie um. Bändigt das Ego, das arrogante Ego. Es geht um das Ganze und zwar gemeinsam. Dabei würde jedes »Ich und Mein« unangebracht und störend im Wege stehen. »Wir« ist das Zauberwort. »Wir gemeinsam. Wir als Team.«

Es nützt nichts, spirituell zu sein oder zu beten, ohne die Handlungen auf eine Transformation der jetzigen Fehlleitung auszurichten. Austausch und Information stehen an erster Stelle. Es reicht nicht, euch zu informieren, wie umfassend auch immer. Ihr müsst die Konsequenzen ziehen, sowohl im persönlichen Bereich als auch übergeordnet. Auch die jetzige Hitzewelle ist Ausdruck des Ungleichgewichts auf Erden. Seid achtsam und hinterfragt eure Gedanken. Seid achtsam und handelt und hinterfragt euer Handeln. Immer wieder. Anstrengend? Ja, das ist es sicherlich. So weitermachen wie gehabt? Nein, das ist keine Option, keine Lösung. Schluss mit den faulen Kompromissen!

Eine Digitalisierung im gewissen Sinne ist selbstverständlich in Ordnung. »Missbrauch« ist jedoch verwerflich und äußerst schädlich. Es gibt Kräfte, fehlgeleitete, machtvolle Kräfte, die auf völlige Unterordnung und Kontrolle setzen. Wir haben dies bereits früher in aller Deutlichkeit erläutert. Seid euch eurer Kraft und Macht bewusst. Jeder von euch ist einzigartig und unvergleichlich. Ihr seid alle Individuen und Persönlichkeiten, ausgestattet mit einer unsterblichen Seele. Eine Seele, die göttlichen Ursprungs ist. Achtet auf eure Freiheit ...! Achtet auf eure persönliche Freiheit im Rahmen der allgemein geltenden Gesetze und kulturellen Regeln.

Hütet die Erde und mit ihr all ihre Lebewesen. Die Erde ist ein lebendiges, liebendes Wesen. Ihr könnt ihre Liebe wahrhaft spüren: Nehmt Verbindung mit ihr auf. Nehmt Verbindung mit dem Zentrum der Erde auf und schickt der Erde eure Liebe. Lasst eure Liebe vom Herzen durch die Fußsohlen tief in die Erde hinein zum Zentrum fließen. Teilt eure Liebe mit ihr. Mutter Erde wird eure Liebe erhalten, erfühlen und gar beantworten. Fühlt! Fühlt die Liebe der Mutter Erde, wie sie zu euch fließt. Fühlt und genießt!

Hütet den Wert dessen, was ihr seid und habt. Hütet die menschliche Vielfalt in all ihren Formen und Farben. Hütet eure Würde und Einzigartigkeit. Hütet eure Seelen. Hütet euer Selbst. Hütet das Licht, das ihr seid. Hütet die Liebe, die ihr seid.

Ihr seid Licht und Liebe.
Ihr seid Schöpfer, Mitschöpfer
und so ist
Ko-Kreation* – Mitschöpfertum
Teil eurer großen Kraft.

So ist es und so ist es gewollt!

39

Polare, duale Kräfte

24.08.2020 – Dreamteam – Sei gegrüßt, du Seele des Lichts auf diesem Planeten Erde. Empfange bitte eine weitere Botschaft.

Zu dieser Zeit, auf diesem Planeten steht so viel auf dem Spiel. Dies ist auch für die Menschen, die schon wach oder gar erwacht sind, kaum zu fassen. Seid sehr, sehr achtsam mit eurem Denken und eurem Ausdruck. Seid euch stets bewusst, dass ihr durch euer Denken, durch eure Gedanken, Realität erschafft. Ihr seid Schöpfer, seid euch dessen sehr bewusst und denkt bitte bewusst, achtsam und hellwach, denn sonst würde das Unbewusste die Realität erschaffen, was überwiegend »alte« Realität wäre.

Eine bewusste, klare, hellwache Erschaffung einer neuen Realität, einer Neuen Erde, ist das, was vonnöten ist. Also überlegt, was ihr erreichen wollt. Ein Zurück zu vorher, vor Corona, ist nicht möglich. Nichts wird mehr sein wie vorher. Alles hat sich verändert. Auch ihr Menschen werdet euch bis dahin verändert haben. Ein Zurück zu dem, was war, ist unmöglich. Was macht ihr mit dieser neuen Chance, mit dieser neuen Möglichkeit der Veränderung? Mehr Raum für Liebe und Mitgefühl, Demut, Freude und Erkenntnis scheint da zu sein. Bewahrt und verinnerlicht diese wunderbaren Möglichkeiten – ja, Geschenke – und nutzt sie bitte positiv gestaltend und lasst sie sich ausdehnen. Verbindet euch tief mit eurem Herzen, mit eurer Seele. Da ist die wahre Kraft, die wahre schöpferische Kraft in euch selbst. Jetzt gehe bitte in die Bibliothek.

Edward empfängt mich mit ernster Miene. »Es ist Zeit, so komme bitte.« Er führt mich zum Stammtisch. Alle sind bereits da. Wir begrüßen uns und ich setze mich zu ihnen.

Strength steht sofort auf. »Komm, keine Zeit zu verlieren, wir gehen gleich los. Wir nehmen eine weitere Inkarnation als Führerin mit.«

Ein jetzt hell leuchtendes Wesen steht auf. Stellt sich vor mich und sagt mit zarter, jedoch starker Stimme: »Mein Name ist Eleonora, folge mir bitte.«

Sie schwebt voran. Ich schaue, ob Strength ebenfalls mitkommt. Ja, er nickt mir zu. So erhebe ich mich ebenfalls von der Anziehungskraft – was jetzt sofort und sehr gut gelingt – und schwebe hinter Eleonora her. Es geht schnell und schneller. Ich beeile mich, ihr zu folgen.

Sie ruft: »Komm, folge mir!«

Der Weg ist dunkel und hell zugleich. Ruhig und unruhig zugleich. »Polarität/Dualität«, denke ich. Schon erhalte ich innerlich die Antwort »ja, darum geht es jetzt«. Es wird chaotisch, ich verliere die anderen. Auch Strength finde ich nicht. Wo bin ich? Es ist dunkel, dunkel und feucht. Ich reiße mich zusammen und gleite unsicher tastend weiter.

Ich stecke fest. Etwas hält mich zurück. Ich taumele und falle nach vorne, fühle heißen Atem im Nacken. Eine kratzige Stimme befiehlt mir aufzustehen. Als ich wieder auf den Beinen bin, schaue ich mich suchend um, wo das Wesen dieser Stimme sein mag. Ich kann nichts erkennen. Ich frage »Wo bist du, wo sind Sie? Und was wollen Sie von mir?«

»Ich was von dir wollen? Welch ein Hohn! Du kommst in mein Reich. Also was hast du hier zu suchen, was willst du von mir? So sprich oder verschwinde!«

Die Stimme klingt harsch, kratzig und sehr verstimmt. Ich bin ratlos und fühle wie Angst in mir hochsteigt. Wo sind meine Begleiter? Bin ich hier völlig allein auf mich gestellt? Es scheint so. Wie kann ich mich äußern? Was kann ich hier wollen? Was kann hier meine Aufgabe sein? Ich denke an die Gegensätze, die ich unterwegs so heftig fühlte: Polaritäten/Dualitäten.

Ich hole tief Luft. »Mein Name ist Margaretha, ich stamme von der Erde, komme ursprünglich aus einem anderen Universum. Ich bin hier in Begleitung von Eleonora, eine vorherige Inkarnation von mir, und Strength, einem Atlantischen Meister. Ich habe beide unterwegs verloren. So bin ich mir unsicher, was hier meine Aufgabe ist. Ich glaube jedoch, dass in diesem Gebiet Dualität/Polarität herrscht. Auf Erden wird immer mehr daran gearbeitet, die Polaritäten ins Gleichgewicht zu bringen, sie zu harmonisieren und gar zu überwinden. Diese Tendenz ist noch recht jung und entfaltet sich gerade breiter gefächert.«

Das Wesen nimmt Gestalt an. Es ist groß und deutlich zweigeteilt. Eine Körperhälfte ist hell, die andere dunkel. Insgesamt ist die Gestalt, in meiner Wahrnehmung transparent, durchscheinend und trüb nebelig. Ist das Wesen eher männlich oder weiblich?

»Nimmst du mich jetzt wahr?«

Ich bejahe.

»Ich sehe so aus, weil ich die Zerrissenheit der Menschheit trage. Es ist kaum noch auszuhalten, wie oberflächlich und gedankenlos die Menschheit diesen wunderschönen Planeten, seine Lebewesen und sogar sich selbst ausbeutet. Wie sie stets über andere urteilt und mit Negativität nur so um sich schlägt. Wir hier sind stets bemüht, dem Chaos eine gewisse Ordnung entgegenzustellen. Dies ist aber fast nicht mehr zu schaffen. Die fragile Balance droht zu zerbrechen. Was kannst du mir als Botschaft der Menschen von der Erdoberfläche geben?«

Sage ja nichts Falsches, denke ich, nehme innerlich Kontakt mit Strength und Eleonora auf und spüre plötzlich viel Kraft und Vertrauen und mir wird klar, dass sie irgendwie bei mir sind und mich unterstützen. Ich fasse Mut und finde Halt. Mein Vertrauen ist zurück. Tief ziehe ich den Atem ein und antworte langsam und bedächtig.

»Verehrtes Hüterwesen der Dualität als Basis der Entfaltung der Menschheit. Ich bin voll Vertrauen, dass die Menschen – viele, viele Menschen – bereit sind, ihre Lektionen zu lernen und bewusst daran zu arbeiten, die Dualität und das Karma auszugleichen und zu überwinden. Die Menschen sind noch sehr verstrickt in ihrer Negativität. Das ist leider wahr. Sie merken vielfach nicht mal, dass sie negativ denken, sprechen und handeln. Es findet gerade allerdings eine große Veränderung statt. Die Menschen leben mit mehr Mitgefühl für einander, sind vielfach liebevoll und tolerant(er) miteinander. Es geschehen wirklich kleine Wunder. Durch die Corona-Pandemie ist Raum zum Nachdenken entstanden, Raum zum Überdenken. Raum zum Spüren, ob die Art des Lebens verändert werden kann. Veränderung durch neue Gewichtung. Weniger Hektik, sich mehr Zeit für sich und die anderen zu nehmen. Die Ausbeutung der Erde und der Menschheit zu stoppen. In Balance mit sich selbst und der Welt zu kommen. Das würde ebenfalls zum Ausgleich der Polaritäten führen. Das Bewusstsein über die Täter-Opfer-Polarität z. B. könnte zur Übernahme der eigenen Verantwortung und zur Selbstermächtigung führen. Das Erkennen und Ablehnen des Machtmissbrauchs, der Gier und Ausbeutung könnte zu wahrem Selbstwert und verantwortungsvollem Handeln statt zu Versklavung führen. So würde die Polarität peu à peu ausgeglichen werden. Es wird hart daran gearbeitet. Sicherlich ist es noch zu wenig. Ich bin jedoch voll Vertrauen, dass es die Menschen zu einem Großteil schaffen werden.«

»So, so, da redest du viele schöne Worte. Leere Worte! Wo ist die Wahrheit? Wer bist du überhaupt, dass du den üblen Mut hast, hier aufzutauchen?!«

»Mein Name ist Margaretha.«

»Ja, ja, das sagtest du bereits«, unterbricht mich das Hüterwesen. »Wer aber bist du?«

»Ich bin die Trägerin einer alten Seele. In diesem Leben heiße ich Margaretha. In anderen Leben u. a. Angelina, Rosanna und Ruana. Strength und Adamis und auch Erdenadamis sind meine direkten Meister und Lehrer. Heute begleiten mich Eleonora und Strength. Ich bin wohl eine Art Botschafterin der Erde für die Erde und die Erdenwesen. Die Erde braucht die Menschen und die Menschen brauchen die Erde. Beide benötigen sich gegenseitig, um sich zu entfalten und zu entwickeln.«

»Ja, ich verstehe. Schaue mich an«, verlangt das Wesen.

Die Stimme ist sanfter und ich schaue ihm in die Augen. Da verändert sich die Gestalt. Sie wird klarer und weniger scharf gespalten. Ihr Gewand zeigt sich hell/dunkel geteilt Die Gestalt selber zeigt sich strahlend in der Gesamterscheinung.

Sie kommt näher und fragt: »›Ruana‹, sagst du? ›Ruana aus Atlantis‹?« Sie fasst mich an den Schultern und schaut mir tief in die Augen, legt dann eine Hand auf mein Herzzentrum, die andere auf meine Krone.

»Ja, es stimmt, du bist Ruana. Welch eine Freude. Mir wurde bereits von dir berichtet. Ich konnte aber nicht glauben, dass es so was wie eine Botschafterin der Erde geben könnte. Deshalb habe ich dich provoziert und geprüft. Du hast die Prüfung bestanden und ja, Ruana war die Hüterin der Kristalle und des Lichts und das bist auch du. Zumindest das Potenzial trägst du. Das ist für mich deutlich sichtbar.

Allerdings.« Das Hüterwesen zögert und schaut mich ernst an. Seine Züge sind jetzt sanft und die Stimme ist weniger kratzig: »Allerdings stehen dir noch einige inneren Polaritäten im Wege. Das Vertrauen möge weiter wachsen und die Ängste aus sogenannten vergangenen Leben überwunden werden. Immer warst du bzw. war deine Seele heilend und ausgleichend auf dieser Erde unterwegs. Immer wieder wurdest du zutiefst verkannt, verfolgt, gepeinigt und getötet. Die alte, durch diese Erfahrungen entstandene Angst möge schwinden.«

Es legt die Hände sanft und liebevoll auf meine Krone und murmelt einige unverständliche Worte. Ein elektrisches, zitterndes Vibrieren schießt von oben nach unten durch meine Wirbelsäule hindurch und durch die Füße. Dann legt es eine Hand auf mein Herzzentrum und die andere auf mein hinteres Herzchakra. Eine tiefe, wohltuende Wärme durchströmt mich von Kopf bis Fuß. Das Hüterwesen tritt zurück und lächelt mich an.

»So, das hätten wir geschafft! Jetzt kann deine Arbeit auf Erden gestärkt weitergehen und sich noch fruchtvoller gestalten. Weißt du wie mein Name lautet?«

»Nein, ich habe keine Ahnung.«

»So höre bitte gut zu. Ich bin eine Erdenprojektion von Metatron*, ein Teilaspekt seiner Energie und vertrete sowohl die Kräfte des hellen Lichts als auch die Kräfte der Dunkelheit und zwar in der Polarität des Guten, des Gerechten und des Bösen, der Verführung zu Gier und Macht(missbrauch) und einem arroganten Ego. Beides die Energie von Metatron. Jetzt weißt du Bescheid, nicht wahr?«

»Ja, ich ahne, du trägst in dir vereint die Polaritäten von Salomon* und Luzifer*. Dann ist dein Name Salomon und zugleich auch Luzifer, je nachdem wer gebraucht wird? Ob es um wahre Weisheit und Einsicht geht oder um Verführung. Verführung um die wahre Weisheit zu überprüfen?«

»Ja, genau das bin ich. Ich bin der Überbegriff für Liebe, Mitgefühl und Gerechtigkeit und trage zugleich die Dualität für die polaren Kräfte der Dualität. Beides wurde und wird auf Erden gebraucht.

Die Botschaft lautet:

Die Menschheit möge dringend diese polaren, dualen Kräfte ausgleichen und zur Non-Dualität gelangen. Beide Pole sind für die Menschen wichtig, um zu lernen, dass stets die Balance, die Harmonie erstellt und gehalten werden möge. Nichts ist nur schwarz oder nur weiß. Das Gute trägt auch die Macht und Kraft des Bösen in sich. Alles ist in Allem enthalten. Ohne diese Gegensätze würdet ihr Menschen euch nicht entwickeln können. Wenn es nur Dunkelheit gäbe, könntet ihr das Licht nicht kennen und umgekehrt: Wenn es nur Licht gäbe, würdet ihr die Dunkelheit nicht kennen. Wäre auf Erden nur Liebe, würdet ihr die Liebe nicht kennen. Wäre alles blau, würdet ihr keine Farben kennen und auch kein blau. Würdet ihr keine Angst kennen, würdet ihr nur Vertrauen kennen und demgemäß blind vertrauen, so könnte euch dies das Leben kosten. Man sollte z. B. nicht von einem Hochhaus springen und darauf vertrauen, fliegen oder schweben zu können ...! Es geht stets um die Ausbalancierung der goldenen Mitte.

Das helle reine Licht, was wahre Liebe ist, möge jetzt in dieser Zeit die Überhand gewinnen und die dunklen Kräfte, die

außer Rand und Band geraten sind, löschen oder heilen, wo dies möglich ist, oder sie sonst von der Erde verweisen. Hier jedenfalls, hier auf diesem Planeten, möge die Neue Erde entstehen.
Im hellen, reinen Licht kommt alles ans Licht, alles wird sichtbar. Auch alles, was sich im Dunklen abspielt, sich versteckt abspielt, wird ans Licht kommen. Sämtliche Machenschaften werden aufgedeckt werden. Macht euch auf einiges gefasst!
In dieser Zeitepoche ist es höchste Zeit, in Harmonie zu kommen und die Gegensätze in einer tragenden Mitte zu vereinen. Die entstandenen Schäden sind so unfassbar groß. Es wird tiefgehende Heilung benötigt, denn hier möge die Neue Erde entstehen.

So sei es.

Gehe du nun zurück in deine Erdenwelt und verbreite bitte diese Botschaft. Wir danken zutiefst für deinen Besuch. Sei gesegnet, du Menschenkind des Lichts.«

Ich bedanke mich ebenfalls. Wir verneigen uns kurz und schon bin ich allein. Sofort sind Eleonora und Strength an meiner Seite. Es ist halb drei in der Nacht, als ich mich auf meinem Sofa wiederfinde.

40

Die Transformation

28.08.2020 – Strength meldet sich und bittet mich, in die Bibliothek zu reisen.

Edward begrüßt mich liebevoll, nimmt mich an die Hand und bringt mich zum Stammtisch. Alle sind da.

Wir begrüßen uns und Strength fangt an: »Heute, Margaretha, mache bitte eine Reise mit der letzten hier anwesenden Inkarnation deines Seins. Auch ich werde euch begleiten.«

Das Wesen an seiner rechten Seite erhebt sich und schaut fest in meine Richtung: »Mein Name ist Alexandria, auch ich war in meiner Lebenszeit Atlanterin, Hohepriesterin und Hüterin der Kristalle. Komm, zögere nicht und reise mit mir. Du weißt jetzt, wie es geht, nicht wahr?«

Ihre Stimme ist sanft, liebevoll und wissend. Sie reicht mir ihre Hand, ich stehe auf und folge ihr. Ich fühle, dass Strength direkt hinter mir ist. Das stärkt meine Zuversicht. Dennoch bin ich angespannt. Was könnte noch kommen? Auch sie bewegt sich sehr schnell. Ich muss mich beeilen, ihr zu folgen.

Wir reisen durch Gänge und Spelunken, bis wir an einem Ort kommen, wo es eine unvergleichlich schöne Natur mit wundervollen Farben gibt. Es ist warm. Wir gehen weiter, bis wir an eine Quelle gelangen. Die Quelle ist jedoch versiegt. Sie liegt vollkommen trocken. Am Rand der Quelle liegen verendete Tiere und vertrocknete Pflanzen. Während ich schaue, verändert sich die blühende Landschaft zu einer, die sich in einem Verödungsprozess befindet. Alles scheint abzusterben und zu vertrocknen. Plötzlich merke ich, dass Feuer entsteht. Flammen werden vom Wind angepeitscht. Ich mache einige Schritte zurück, die Hitze ist unerträglich.

Alexandria ruft mir zu: »Komm, gehe weiter zurück und komme zu mir, wir rufen jetzt gemeinsam die Herrscherin, die Hüterin, dieses Ortes.«

Durch das knisternde Feuer entsteht viel Lärm. Zweige brechen ab, Bäume stürzen krachend zu Boden und der Wind saust wütend durch die Gegend.

Alexandria ruft laut und ich stimme ein: »Verehrte Hüterin, verehrte Herrscherin dieses Ortes. Wir sind gekommen, um eine Botschaft für die jetzige Menschheit des Planeten Erde zu empfangen. Wir bitten dringend um eine Botschaft für die jetzige Menschheit!«

Die Geräusche werden immer lauter. Ein unheimliches Grummeln und Brummen kommt dazu. Der Tumult steigert sich in eine schier unerträgliche Lautstärke. Wir rufen trotzdem, so laut wir können. Wir bitten um Aufmerksamkeit, ziehen uns dabei stets weiter von dem sich ausdehnenden Feuer zurück.

Rauch entsteht. Eine große Rauchsäule rankt empor und in dieser Säule wird eine Gestalt sichtbar. Dunkel und grimmig ist sie – und zweifelsfrei recht wütend.

»Seid still, ihr wertlose und arrogante Menschenwesen der jetzigen Erdenzeit. Seid still«, herrscht sie uns nochmals an.

Wir sind still und warten ab.

Alexandria berührt meine linke Schulter: »Ich muss gehen, du bist jetzt auf dich allein gestellt. Du machst dies allein. Du hast dazu alle Kraft und Mut. Denke an die Kräfte, die dich auf der rechten Schulter begleiten!« Schon ist sie verschwunden.

Ich richte meine Aufmerksamkeit schnell zur rechten Schulter und nehme Kontakt mit den Engelkräften von Elina* und Uriel* auf, die Mut und Kraft geben. Sofort fühle ich mich gestärkt. Die Hitze scheint geringer zu werden! Noch warte ich ab, bin ich doch zur Stille aufgefordert worden.

Das Grummeln und Brummen ist noch immer laut, scheint sich allerdings zu beruhigen. Gebannt schaue ich auf die Rauchsäule. Ändert sich die Gestalt? Ja, sie wird etwas heller und deutlicher sichtbar. Es scheint insgesamt ruhiger zu werden. Das Grummeln und Brummen ebbt ab, auch die Geräusche durch das Feuer werden leiser.

Noch stehe ich still und abwartend da. Alle mir bekannten, tragenden Engelwesen habe ich zu mir gebeten. Diese Prüfung scheint besonders hart zu sein. Ich bin tief in meinem Herzzentrum verbunden und zugleich mit den höchsten spirituellen Kräften verbunden, die mir bekannt und vertraut sind. Tiefe, große Kraft spüre ich in mir.

Es scheint so, als ob ich durch und mit dieser großen Kraft das Feuer irgendwie bändige. Erstaunlich! Liebe, Liebe sende ich, viel Liebe sende ich und Zuversicht für die Erde und die Menschen und für alle anderen Wesen, die auf, um und in dem Planeten Erde existieren. Nun bin ich völlig fokussiert und verharre mit geschlossenen Augen in dem, was ist.

»Schläfst du, du Menschenkind der jetzigen Erde?«, schallt es aus der Rauchsäule.

Ich öffne die Augen: »Nein, ich schlafe nicht, ich bin hell wach!«

»So sage mir in dieser Wachheit, was du hier zu suchen hast. Hierher verirrt sich niemand von der jetzigen Erdenwelt. Wie kommst du also hierhin und was willst du?«

»Verehrte Herrscherin und Hüterin dieses Ortes. Eine frühere Inkarnation hat mich hierher gebracht und mein Auftrag ist, um eine Botschaft für die jetzige Menschheit des Planeten Erde zu bitten.«

Sie faucht: »Eine Botschaft für diese uneinsichtige, verdorbene, arrogante jetzige Menschheit auf diesem so wundervollen Planeten? Sag mir, womit oder wodurch ihr das verdient hättet!«

Ich erzähle ihr in etwa das, was ich auch den anderen Hüterinnen mitgeteilt habe. Zögere dann. Es geht hier um Feuer. Das ist auch ein Symbol der Veränderung, der Verwandlung. Was kann das für die Erde und die Menschen bedeuten?

So frage ich: »Was können wir Menschen tun, damit die – für die Entwicklung des Planeten und seiner vielfältigen Bewohner – notwendige jetzige Transformation positiv und tragend gestaltet werden kann und auch wird?«

Stille, plötzliche Stille. Ich erschrecke. Habe ich etwas Falsches gesagt? Die Rauchsäule ist riesig geworden und sieht bedrohlich aus.

»Rechte Schulter, rechte Schulter, bitte tragt mich, unterstützt mich«, denke ich und spreche weiter. »Ich bitte um eine Botschaft für die Menschen der jetzigen Erdenwelt. Ich bitte um Unterstützung der Herrscherin und Gebieterin dieses Ortes. Ich bitte in aller Demut und zugleich bin ich im vollsten Vertrauen, dass Unterstützung möglich ist!«

Stille. Tiefe Stille. Es zeigt sich nur noch ein glimmendes, schwelendes Feuer. Die Säule wird kleiner und heller, die Gestalt darin wird ebenfalls heller und deutlicher sichtbar. Es erklingt einen langen Ton wie der Anfang einer wunderschönen Melodie. Die Melodie fragt, wer ich denn sei.

Auch jetzt antworte ich, wie ich kann und erkläre, Margaretha zu heißen und viele zu sein, u. a. Ruana.

Wie bei den anderen Hüterinnen wirkt der Name Ruana wie ein Zauberwort. Ihre Gestalt ist nun klar ersichtlich und sie schwebt zu mir hin. Unterwegs verliert sie viel von dem, was ich »geräuchertes Zeug« nennen würde. Sie erscheint nun ziemlich klar. Dann steht sie direkt vor mir.

»›Ruana‹, sagst du? ›Ruana aus Atlantis‹? Ruana, Hüterin der Kristalle und des Lichts – und das willst du in diesem Leben sein. So lasse mich schauen.«

Sie legt eine Hand auf meine Stirn, die andere unten an den Hinterkopf. Sie drückt an der Stirn mit dem Daumen hin und her. Es schmerzt geringfügig.

Sie seufzt: »Ich hatte es nicht geglaubt. Andere Hüter haben mir bereits von dir erzählt. Ich konnte jedoch nicht glauben, dass ein Menschenkind aus der jetzigen Erdenwelt das Potenzial von Ruana trägt. Aber es ist wahr. Du bist die heutige Verkörperung der Seele von Ruana. Das vollständige Potenzial ist da. Du hast bereits vieles entwickelt, anderes ist noch schlafend. Ich werde jetzt einen zusätzlichen Teil erwecken. Zugleich sehe ich, dass du in deinem jetzigen Leben zusätzliches Potenzial, das dir auch zur

Verfügung steht, entwickelt hast. Wunderbar. Sei mutig und verfolge weiterhin voller Vertrauen deinen Weg.«

Sie legt nun beide Hände auf meine Krone und murmelt Unverständliches. Energie schießt von oben nach unten durch meinen Körper. Ich wanke kurz, kann mich aber halten. Eine zweite Welle fährt durch mich hindurch und dann noch eine dritte.

Zufrieden macht sie einen Schritt zurück. »So ist gut, ja, so ist es gut. So ist es wunderbar. So kannst du dich weiterentwickeln und alle Potenziale erobern, die in dir sind und diese in deiner Realität des Seins zum höchsten Wohle aller nutzen.

Und nun zu meiner Botschaft. Zuerst stelle ich mich vor. Ich vertrete die Kräfte des Feuers, also Wärme, Hitze, Reinigung, Verwandlung und Transformation, wie du bereits festgestellt hast. Kennst du meinen Namen?«

»Wenn du die Kraft des Feuers, der Verwandlung und der Transformation bist, müsste der Name St. Germain* sein. St. Germain mit der Violetten Flamme der Verwandlung und Transformation. Zugleich müsste der Name Lazor* sein. Lazor mit der Kraft der Reinigung und Klärung, mit dem weißen Feuer der Zerstörung, was ebenfalls zur Verwandlung und Transformation führt.«

»Exakt, so ist es. Ich bin wie du viele. So trage ich u. a. diese beiden Kräfte in mir. Das kühle Blau als Violett mit dem heißen Rot vereint, mithilfe von Lazor im Gleichgewicht gehalten. Beide Kräfte sind notwendig, um eine wahre Transformation im Psychischen und Physischen zu bewirken. Im Irdischen wie im Spirituellen.

Die Botschaft lautet:

> Führt euch selbst und damit alle anderen Wesen der Erdenwelt und die Erde selbst durch eine sanfte Transformation, für die symbolisch gesehen nur die Violette Flamme der Verwandlung von St. Germain und die Lazorkraft, die stark magnetisch ist, benötigt werden. Vermeidet eine heiße, rot glühende, vernichtende Transformation. Es liegt bei

euch, wie die Dinge geschehen. Verbindet euch mit den gemäßigten, liebevollen, friedvollen und dennoch sehr kraftvollen Energien und deren Potenzial der Verwandlung dieses Seins. Es ist gewollt und unabwendbar, dass Verwandlung und Transformation stattfinden. Das ›wie‹ liegt in euren Händen, ihr Menschen!
Wie diese Transformation stattfindet, liegt einzig und allein in den Händen der Menschheit hier auf Erden.
Es liegt an euch, ob sich die Erde und ihr sanft, liebevoll und zugleich effektiv kraftvoll verwandeln und entfalten, oder ob dies heiß und zerstörerisch geschieht.
Noch ist Zeit. Nutzt sie wohlbedacht, voller Kraft, voller mitfühlender Liebe und voll Vertrauen. Lasst euer Licht erstrahlen, lasst es leuchten. Handelt dementsprechend, wie es in den verschiedenen Texten bereits dargelegt wurde. Ihr habt die Wahl, indem ihr handelt – und zwar positiv, aktiv und jetzt. Ihr seid die Gestalter der Metamorphose! Nehmt eure Macht zum Positiven an. Wir alle sind an eurer Seite, sobald ihr anfangt, bewusst und positiv zu gestalten und zu verwandeln, sobald ihr anfangt, die Neue Erde mit der Kraft der Gedanken zu bauen. Mit reiner Mindkraft.
Gedanken erschaffen Realität. Eure Gedanken erschaffen die Realität, die neue Realität, die neue Wirklichkeit. Also betreibt zugleich Gedankenhygiene. Denkt positiv, ertappt euch bei jeglichem negativen Denken und denkt dann neu. Die Energie folgt stets euren Gedanken. Seid achtsam.
Wisst, dass jede(r) – auch du und auch der Nachbar etc. – sich ändern kann. Vor allem Denken, Handeln und Verhalten sind relativ leicht veränderbar. Es werden allerdings Fokussierung, große Achtsamkeit und Eigenbeobachtung, sowie eine liebevolle und zugleich kritische Einstellung dem eigenen Denken, Verhalten und Handeln gegenüber benötigt.

Visualisiert die Neue Erde möglichst plastisch mit Bildern, Gefühlen, Farben, Emotionen und tiefer Freude. Visualisiert

mit Bild-, Gefühls- und Gedankenkraft. Seid mit allem, was ihr innerlich entwickelt habt, dabei.
Visualisiert täglich. Ja, macht dies täglich. Macht dies tief verbunden. Tief verbunden mit der eigenen Seele, mit dem Höheren Selbst. Tief verbunden mit eurem Licht, eurem Licht der Liebe und der Freude.
Ein guter Zeitpunkt zur Visualisierung wäre kurz vor dem Schlafengehen.

Seid Schöpfer, seid Gestalter.
So sei es«

41

ERWACHTER MENSCH – DIE LETZTE HÜRDE

03.09.2020 – Dreamteam

Vor langer Zeit, als die Erde noch sehr jung war, wurde mit ihrer Entstehung ein Plan für sie erstellt. Ein Entwicklungsplan für sie und ihre Bewohner. Speziell auch für die Menschenwesen, da ihre Energien plangemäß, sehr eng mit den Erdenergien verwoben waren und sind. Die Entwicklung des Planeten und die Entwicklungsfrequenzen der Menschheit resonieren fortwährend über das Gitternetz miteinander, das direkt über dem Boden der Erde, über Berge und Täler, Gewässer und Ozeane liegt. Dieses Gitternetz wird ebenfalls als Kristallgitternetz bezeichnet. Kristalle sind – auch rein wissenschaftlich betrachtet – in der Lage, Schwingungsfrequenzen zu speichern und zu bewahren. Dieses Kristallgitternetz ist kristalliner Natur.

Mutter Erde, auch Gaia genannt, nimmt über dieses Kristallgitternetz jeden Schritt, jede Regung, jedes Gefühl, jede Absicht, jeden Gedanken, jede Emotion – einfach alles von euch Menschen wahr und speichert dies für alle Zeit. Auf diese Weise wächst und entwickelt sie sich mit euch. Wäret ihr nicht gewachsen, wäre vieles in der derzeitigen Wandlungs- und Transformationsphase der Erde völlig anders gelaufen und sehr viel weniger positiv.

Allerdings ist die große Hürde noch nicht ganz geschafft. Es ist weiterhin sehr spannend, wie es weiter gehen darf. Die gesamte geistige Welt hält den Atem an und unterstützt, wo nur irgend möglich. Alle Augen – auch von anderen Planeten und Galaxien – sind auf euch Menschen gerichtet. Schafft ihr den letzten notwendigen Schritt zum spirituellen Wachstum in genügendem Maße, um die erforderliche Bewusstseinserhöhung zu erreichen?

Wichtig ist, dass genügend Menschen ein hohes Bewusstsein, ein gewisses Erwachen erreichen, um das notwendige Gesamtbewusstsein zu steigern und dadurch die Nachfolge durch die anderen, noch schlafenden Menschen zu ermöglichen. Es werden genügend erwachte Personen benötigt, um die anderen noch schlafenden, weiterhin tragen zu können und zwar so lange, bis auch diese erwachen. Diese Tragkraft muss hochgradig ausgeprägt sein. Sie ist quasi das Zug- und Haltepferd für die anderen, noch nicht erwachten Personen. Die Tragkraftfähigkeit des »Erwachens« ist bereits relativ hoch, jedoch fehlt noch ein Stück, um die letzte Hürde zu schaffen, zu überwinden.

Ihr müsst dies nicht verstehen, sondern nur wissen, dass möglichst viele, viele Menschen sich öffnen mögen, ihr Herz öffnen mögen. Ihr Herz für die Liebe, für die Göttlichkeit, für die innewohnende schöpferische Kraft und für das spirituelle Wachstum öffnen mögen, um dabei und damit wach zu werden, bewusst zu werden und zu erwachen. Mit geschlossenem Herzen ist erwachen nicht möglich.
Es geht um Erkenntnis, um bewusst werden und bewusst sein. Es geht um Bewusstsein und damit um Bewusstseinserhöhung. Wir haben dies in den Texten vielfach und auf verschiedenste Art und Weise beschrieben, sodass möglichst viele Zugang zu dieser Wahrheit finden, damit sie ihr Bewusstsein erhöhen und dabei wiederum andere Menschen auf diese so wunderbare Reise mitnehmen.

Ihr alle werdet benötigt. Ihr wisst es und ihr fühlt es. Jede(r) die/der diese Zeilen liest und die Botschaft dieser Worte fühlt und versteht, ist zutiefst berufen, den Weg des Erwachens zu gehen. Erwachen, wach werden, tief bewusst werden, was und wer ihr wahrhaft seid, ist vollends genügend. Erleuchtung, wie ihr es nennt, ist dazu nicht nötig. Erleuchtet seid ihr sowieso schon alle. Alle seid ihr Träger des Göttlichen Lichtes. Wissentlich und unwissentlich. Ihr seid alle Lichtträger und damit erleuchtet, auch dann, wenn euer Licht durch mangelndes Bewusstsein (noch) verschattet ist. Erwacht seid ihr jedoch noch nicht alle.

Es werden mehr, viel mehr erwachte Menschen benötigt. Bewusste Menschen, die wissen, dass sie in Wahrheit göttliche Wesen sind. Menschen, die ihre eigene Göttlichkeit erkennen und anerkennen. Menschen, die aus der Enge der Unbewusstheit und Unwissenheit erwachen. Menschen, die Träger des Göttlichen Lichtes sind. Lichtträger. Bewusste Lichtträger. Bewusste Menschen, die diese Erkenntnisse tief im Herzen tragen und als Wahrheit fühlen, wahrnehmen und leben. Es geht um mehr, viel mehr, als nur im Sinne von »ja, ich weiß« zu »wissen«, sondern um tief im Herzen verbundenes Wissen in Form von wahrer tiefer Erkenntnis, verbunden mit tiefer Liebe und Freude. Einzig und allein dies ist nötig und vollends genügend.

Es ist leicht, das Licht bewusst zu tragen, wenn ihr es einmal tief erkannt habt. Ohne Bewusstsein über dieses innere Licht ist es schwer auf Erden. Macht euch bewusst, macht euch zu bewussten Trägern des Lichts. Aktiviert das innere Licht, lasst es erstrahlen. Unterstützt und ermuntert andere, auch ihr Licht strahlen und leuchten zu lassen.

Eine erwachte, lichtvolle Menschheit trägt größere Weisheit und wird neue Lösungen für scheinbar Unlösbares finden. Eine Neue Erde kann realisiert werden. Es liegt in euren Möglichkeiten. Ihr seid wahre Schöpfer.

Ihr seid alle vernetzt und befruchtet einander unwissentlich. Es gibt Leuchtfäden zwischen euch allen, Leuchtfäden, die langsam aber sicher ein wunderbares Netz weben. Ein hell leuchtendes Verbindungsnetz. Ein wahres Lichtnetz aus Licht und Liebe. Es umspannt den gesamten Globus über Flüsse, Berge, Täler, Seen, Meere und Ozeane. Es verbindet alles miteinander, während es zugleich alles durchdringt und zwar in alle Richtungen.

Euer Licht wird immer strahlender. So kommt langsam alles »ins Licht« und damit »ans Licht«. Lasst euch überraschen, was sich alles zeigen wird. Die Welt verändert sich mit und durch euch – unaufhaltsam. Bleibt im Vertrauen in dieser für Euch so verrückten Welt. Sie ist »ver-rückt«. Völlig aus der Balance gerückt. Eine Disharmonie ohnegleichen. Die Liebe und das Licht gewinnen jedoch deutlich an Kraft und Einfluss. Das macht der etablierten Macht der Mächtigen Angst und zwar auf globaler Ebene. Angst vor Entdeckung, Aufdeckung dessen, was sie wahrhaft tut und zugleich verschleiert. Es wird sich zeigen. Es wird enthüllt werden. Die Empörung über die Wahrheit wird die Welt erschüttern und zugleich heilen.

Es werden viel Licht, viel Liebe, Vertrauen und Mitgefühl benötigt, um diesen Weg zu gehen. Wie bereits gesagt: Noch mehr Menschen werden benötigt. Noch mehr bewusste Menschen. Erwachte Menschen, die ihr Licht strahlen lassen. Ihr Licht leuchten lassen und mit dem Licht auch die Liebe verteilen. Ihr seid hochschwingendes Licht und reine, kraftvolle Liebe. Liebe und Licht gemeinsam – bilden die stärkste Kraft und Macht, die es überhaupt gibt. Mehr davon, noch mehr davon und die Wandlung wird problemlos und sanft gelingen.

Eine Revolution quasi mit der Kerze in der Hand ...!

So sei es!

Licht seid ihr

Licht seid ihr
und zum Licht möget ihr werden.
Macht euch auf
die letzte Hürde zu schaffen,
zu überwinden.

Führt euch und Gaia
sowie alle ihre Bewohner,
so sanft wie nur irgend möglich,
in die nächste Stufe der Entwicklung,

in die nächste Dimension.
Eine Dimension, wo mehr Liebe herrscht,
mehr Mitgefühl,
Miteinander, Verständnis, Toleranz,
Erkenntnis und Weisheit.

Eine Dimension, wo die Dualität
überwunden sein wird
und die Dunkelheit
ihre Macht verloren haben wird.

Das Licht überwindet die Dunkelheit.
Verstehet und handelt

EPILOG

AUFRUF AN DIE LICHTARBEITER

BITTE HEILT DIE ALTEN SCHATTEN.
BITTE FINDET, TRANSFORMIERT UND HEILT
BLOCKADEN, MUSTER UND SCHATTEN.

Negative Energien

Vor vielen, vielen Jahren, als mir meine Sensitivität noch nicht so richtig bewusst war, machte ich zwei extreme Erfahrungen mit negativen Energien, die mich fast umgeworfen haben. Es scheint wichtig, auch dies, diese Negativität, am Ende der Texte mit euch zu teilen. Auch sie ist Teil unserer Existenz – noch.

Kaufhaus

Die erste Erfahrung erlebe ich während einer Ausstellung, wo kunsthandwerkliche und volkshandwerkliche Gegenstände aus verschiedenen, weit entfernten Ländern und Kontinenten ausgestellt und auch zum Kauf angeboten werden. Ich finde die Ausstellung sehr schön und hochinteressant.

Als ich in der Nähe einer – ich nehme an – afrikanischen Abteilung komme, wird mir urplötzlich ganz komisch. So gehe ich rückwärts und entferne mich von diesem Bereich. Dann ist alles sofort wieder völlig in Ordnung.

Eigenartig, denke ich und gehe nochmals »Richtung Afrika«.

Wieder wird mir so komisch. Ich fange gar an zu zittern und drohe, die Bodenhaftung zu verlieren. Schnell rückwärts und weg. Dann ist alles sofort wieder gut.

Eine Frau, gut dreißig Jahre alt, schätze ich, betreut die Ausstellung. Vor Afrika war ich in der indischen Abteilung und habe dort eine Figur gesehen, die mich interessiert und so frage ich sie danach. Wir kommen ins Gespräch, sehr nett. Ich frage sie, ob sie weiß, ob manche Gegenstände, die hier angeboten werden, eventuell vorher rituell benutzt worden wären.

Sie schaut mich verdutzt an. »Wieso fragen Sie?«

»Da drüben bei den afrikanischen Gegenständen ist eine bestimmte Ecke, wo ich gar nicht sein kann. Das halte ich einfach nicht aus. Deshalb frage ich, ob Sie was wissen?«

Mit großen erstaunten Augen, schaut sie mich an und sagt nachdenklich: »Neulich war hier auch schon eine Frau, die so etwas Ähnliches sagte.«

Ich muss dazu sagen, dass ich nicht irgendwie außergewöhnlich aussehe. Niemand mit Vorurteilen würde denken, dass ich irgendeine Spinnerin oder etwa so eine »komische Esoterikerin« wäre. Sie nimmt meine Aussage jedenfalls ernst und bittet mich, ihr die Stelle zu zeigen.

»Ja mache ich, aber ich kann nicht nochmals nah da dran gehen, denn es haut mich um.«

Wir gehen in die Ecke. Sie fühlt natürlich nichts. Sie sieht aber entsetzt, dass ich ganz blass werde und wie ein Espenblatt zittere.

Ich murmele »Entschuldigung, ich muss hier weg ...«

Wir setzen uns am anderen Ende der Ausstellung kurz hin und reden miteinander. Alles ist wieder gut und zum Schluss kaufe ich die indische Figur »Shiva als Nataraja«, die Shiva als kosmischen Tänzer zeigt und bis heute einen besonderen Platz in meiner Wohnung hat.

Flohmarkt

Etwa ein Jahr später bin ich mit meiner Tochter auf einem Flohmarkt. Dort ist an einer Stelle einen Stand mit hochinteressanten exotischen Gegenständen. Wir stehen davor und schauen uns neugierig um.

Plötzlich wird mir extrem eigenartig. Ich habe das Gefühl, völlig die Bodenhaftung zu verlieren. Ich fange an zu zittern.

Leicht schwankend greife ich meine Tochter am Arm und sage tonlos: »Wir müssen hier weg. Sofort.«

Sie reagiert ohne Zögern.

Als wir weit genug weg sind, halte ich kurz an und schaue zum Stand zurück. Es stehen dunkelhäutige Männer hinter dem Stand. Sind es evtl. wieder rituelle Gegenstände oder sogar schwarzmagische Dinge? Ich bin nicht in der Lage, das zu klären, wie gern ich es auch wüsste. Keine Versuchung dieser Welt würde mich nochmals dorthin führen.

»Mama, was ist denn mit dir?«

»Ich weiß es nicht, aber irgendwas war da an dem Stand von soeben, irgendetwas, das mich völlig umhaut, völlig aus der Fassung bringt. Wenn ich stehengeblieben wäre, hätte ich wahrscheinlich das Bewusstsein verloren. Ich fühle mich noch zitterig und unsicher auf den Beinen. Etwas ganz ... ja, ich weiß nicht wirklich ... sehr, sehr Negatives ist dort.«

Mir stehen die Tränen in den Augen.

Sie schaut mich, besorgt und auch betroffen an. Mit kleiner Stimme kommt: »Ja, ich habe es auch gespürt.«

Es dauert diesmal einige Stunden, bis ich langsam wieder eine halbwegs normale Bodenhaftung verspüre. Ich brauche bis zum späten Abend, bis ich mich wieder einigermaßen normal fühle. Am nächsten Tag ist alles wieder gut.

Die eigene Akasha – Die eigene Seele

Obwohl ich während des zweiten Seminars in der Schweiz der Frage nachgehe, warum mich ein so starkes Gefühl von »nicht heilen zu dürfen« verfolgt und wir dort eine Antwort in einer vorherigen Inkarnation finden, bessert sich dieses Gefühl zwar, ist aber nicht wirklich geheilt. Ich fahre nach Abschluss der Channeling-Seminare, im nächsten Jahr (2014) ein viertes Mal für ein weiteres vertiefendes Seminar bei Stéphanie Allenbach in die Schweiz.

Unter anderem dadurch kann ich meine eigene Seele channeln, meiner Seele berechtigte Fragen stellen und Antworten – auch für Heilung – erhalten. Ich mache dies höchst selten und nie aus reiner Neugierde, sondern ausschließlich bei wahrem Bedarf.

Als ich zu einem gewissen Zeitpunkt die Frage stelle, warum ich »bei den obigen negativen Erfahrungen so extrem reagiert habe«, öffnet sich fast sofort ein Film. Ich sehe zunächst das, was eine Kollegin in der Schweiz bereits bei mir gesehen hat, als wir die Frage stellen, warum ich ein so starkes Gefühl habe, nicht heilen zu dürfen. Bei der jetzigen Fragestellung öffnet sich das Fenster allerdings bedeutend weiter. Vor meinem inneren Auge läuft ein deutlicher, klarer Film ab.

Es stellt sich heraus, dass es sich hierbei nicht nur um das starke Gefühl »nicht heilen zu dürfen«, handelt, sondern um eine schwarzmagische und zugleich tödliche Bedrohung durch einen äußerst machtvollen Bösen Zauberer, welche mir unwissentlich Furcht und gar Todesangst einflößt und mich teilweise blockiert. Obwohl die damalige Persönlichkeit mit Hilfe der geistigen Welt im allerletzten Moment fliehen konnte, blieb die Erfahrung dieser unmittelbaren tödlichen Bedrohung existent.

Diese alte Erfahrung kann schließlich transformiert und geheilt werden. Eine wunderbare Befreiung.

Noch mehr »alte« Ängste

Ich fand noch mehrere andere Inkarnationen, die »meine Angst zu heilen« erklären. Auch diese alten traumatischen Erfahrungen, konnten mithilfe der geistigen Welt nach und nach transformiert und geheilt werden. Sie sind jetzt schlicht und einfach Erfahrungen. Die alten Emotionen sind geheilt und senden keine störenden Energien mehr. Das Vertrauen in mich selbst ist enorm gestiegen.

Wunderbare Kräfte

Wunderbare Kräfte stehen mir zur Seite. So ist das auch für dich und für dich und für euch. Wir gehen diesen Weg gemeinsam.

Findet die Schatten, heilt die Schatten, transformiert die Schatten. Seid mutig! Wer im Lichte geht, wird unterstützt. Hier entsteht die NEUE ERDE!

Ein wahrer Lichtarbeiter

Ein wahrer Lichtarbeiter
ist ein wahrer Träger
des reinen hellen Lichtes.
Arbeitet, lebt und handelt
stets im Einklang mit
den Universalen Schöpfungsgesetzen.

Entscheidet sich für das Licht,
für die Liebe
und damit
für das Mitgefühl,
für die Toleranz,
immer wieder und wieder.

Hält das Licht hoch
und entscheidet sich
immer wieder von Neuem
ganz bewusst
für die Liebe, für das Licht.

So sei es

Glossar

Adamis
Energiewesen der höchsten Ordnung. Dient u. a. diesem Universum. Seine Gesamtenergie befindet sich dauerhaft in besonderen Dimensionen. Hier auf Erden (und anderswo) dient Adamis ausschließlich als Projektion (Kopie) bzw. als Teilprojektion seiner Gesamtenergie.

Akasha Chronik
Der Begriff »Akasha« stammt aus dem Sanskrit und steht für Raum, Himmel oder Äther. Er bezeichnet eine feinstoffliche, unsichtbare Ebene, die jedoch für feinfühlige Menschen spürbar ist. »Chronik« steht für Speicher.
Es gibt eine universelle und eine persönliche Akasha Chronik. Hier ist die persönliche Akasha Chronik gemeint. Siehe auch »Bibliothek«.

Allenbach, Stéphanie
Seminarleiterin für die Schweiz nach den Originalmethoden von Frank Alper. www.stephanieallenbach.ch.

Alper, Frank (1930 – 2007)
Spiritueller Lehrer, Heiler, Pionier und Channel. Vermittelte in Seminaren und Büchern die Anwendung von magnetischer Energie, die Arbeit mit Kristallen und Kristallmuster sowie die Anwendung von alten atlantischen Heilmethoden.

Er lehrte seine einzigartigen Methoden langjährig in Amerika, Kanada, England, Japan, später auch in Deutschland, Österreich und der Schweiz. Gründete Adamis International. Er ist Träger der Adamis-Energien und wird daher manchmal auch Frank Adamis Alper genannt.
Auch jetzt – nach 2007 – unterstützt er viele von uns bei der Heilarbeit. Obwohl ich Frank nicht persönlich kennengelernt habe, begleitet er als »Erdenadamis« sehr viele Texte dieses Buches, ist stets Teil des »Dreamteams«.

Alper, Katharina
Ehefrau von Frank Alper. Sie führt Adamis International seit 2007 alleine weiter und macht andere spannende Sachen. www.adamis.ch.

Ätherische Kristalle

Kristalle, die nicht aus fester Masse bestehen, sondern feinstofflich und somit spirituell sind. Sie dienen dem Kristallisationsprozess und sind für das menschliche Auge unsichtbar.

Awah

Sehr hochstehende Seele mit u. a. der Mission, die Regenerationsenergie weiterzuleiten. Eine äußerst kraftvoll heilende Meisterenergie.

Bibliothek

Die Bibliothek, wohin ich immer wieder reise, ist das, was auch als Akasha (Chronik) bezeichnet wird. Sie umfasst alle Erfahrungen und Erkenntnisse, Gedanken, Gefühle usw. dieses Lebens der jetzigen Persönlichkeit, sowie aller vergangenen Leben (Reinkarnationen) dieser Seele. Die Bezeichnung Bibliothek wird verwendet, weil es heißt, dort seien sämtliche »Bücher« der Seelen vorhanden – und zwar feinstofflich als eine Art kosmisches Gedächtnis. Als reine Schwingung, reine Energie. Siehe auch »Akasha Chronik«.

Chakra/Chakren

Chakra stammt aus dem Sanskrit, heißt Rad und kann mit Energiezentrum oder Kraftwirbel übersetzt werden. Es gibt sieben Hauptchakren und viele Nebenchakren, die zusammen einen (noch) ungeahnt großen Einfluss auf unsere Gesamtgesundheit haben. Sie sind feinstofflicher Natur und für das menschliche Auge unsichtbar.

Channeling

Channeling bedeutet wörtlich kanalisieren, Kanal sein. Channeling oder channeln ist das bewusste Empfangen von energetischen Informationen.

Corona

Sog. »Neues Coronavirus«: Sars-CoV-2, das 2020 eine weltweite Pandemie verursachte. Die dadurch ausgelöste Lungenerkrankung wird Covid-19 genannt.

Dreamteam

Bestehend aus Adamis, Strength und Frank Alper (Erdenadamis).

Elementarwesen

Erdwesen, auch Naturwesen oder Naturgeister genannt: Feen, Gnome, Elfen, Devas und viele andere Elementarwesen. Feen werden auch Erdengel genannt. Elementarwesen sind für sensitive Menschen wahrnehmbar. In zurzeit eher seltenen Fällen auch sichtbar.

Elina

Erzengelin des Mutes. Weiblicher Aspekt von Erzengel Uriel.

Elina und Uriel

Erzengel des Mutes und der Kraft. Sie befinden sich symbolisch auf der rechten Schulter. Stehen gemeinsam für Mut und Kraft.

Feinstofflich

Immateriell, spirituell, ätherisch, für das physische menschliche Auge unsichtbar.

Gaia

Die Erde, eine lebendige Wesenheit, auch Mutter Erde genannt. Nach der griechischen Erdgöttin wird sie »Gaia« benannt.

Inkarnation

Latein: incarnatio »Fleischwerdung«. Eine Seele nimmt einen menschlichen Körper an. Bei einer Reinkarnation nimmt die gleiche Seele erneut einen menschlichen Körper an. Ziel jeder Inkarnation ist Weiterentwicklung. Nichts geht verloren.

Ivanor

Sehr hoch schwingende Energiepräsenz. Teil der höchsten Ordnung des Universums. Liebesenergie in der reinsten Form, beschützend, behütend, heilsam, Kraft und Sicherheit gebend. Spiritueller Führer der Strahlenkinder des Regenbogenstrahls.

Ko-Kreation

Mitschöpfertum. Hier: Gemeinsam, miteinander und kreativ, positives Neues zu erschaffen und gestalten.
Wikipedia: Co-Creation (Ko-Kreation) beschreibt die Methode, den Prozess oder das Ergebnis eines gemeinschaftlichen Schöpfungsprozesses.

Körperwesen

Fee im Solarplexus, Gnom im zweiten Chakra und viele anderen Körperelementarwesen.

Lady Nadja

Besondere Fee (Erdengel), die wie ein Erzengel (Himmelsengel) für spezielle Aufgaben zuständig ist. Dient u. a. dem Erdzentrum. Spirituelle Führerin der Strahlenkinder des zartgoldenen Farbstrahls.

Laurita

Erzengelin der universellen Gnade, Liebesgnade und Gnadenliebe, sowie spirituelle Führerin der Strahlenkinder des zartrosa Farbstrahls.

Lazor

Magnetischer Meister – Weißes Feuer der Zerstörung. Reinigende Kraft, Klärung, Wandlung und Transformation.

Lebensplan

Plan, der die Seele für dieses Leben mitbringt. Siehe Seelenplan.

Luzifer

Der Verführer zum Bösen. Die Versuchung, um die wahre Weisheit zu überprüfen. Projektion von Metatron.

Magnetkraft

Magnetkraft, auch Magnetenergie genannt, schwingt zwischen zwei definierten Punkten oder Polen, sog. positiven und negativen Polen. Magnetenergie polarisiert und gleicht aus.
Sie ist in der Lage, die gleichmäßige Polarität der Kräfte wiederherzustellen und stellt die Grundlage – die Struktur – dar, auf der Heilung geschehen kann, ohne jedoch selber zu heilen.

Magnetischer Kreislauf

Über die Verbindung mit dem Herzchakra und der Seele kann der magnetische Kreislauf im Herzchakra aktiviert werden. Die magnetische Energie fließt durch die magnetischen Energiemeridiane.

Maske

Maske als »Persona«: Die Maske, die getragen wird, die Rollen, die gespielt werden/C.G. Jung.

Melchezedek

Magnetischer Meister. Eine der ersten Seelen in der Existenz. Vermittelt Weisheit, Schutz, Kraft und Mut. Ist der Hüter und Beschützer der Kinder des Lichts.

Metatron

Sehr hoch schwingender Meister. Teil der ursprünglichsten Energien dieses Universums. Ersteller des Universellen Gesetzes. Projektionen u. a. in Salomon und Luzifer.

Mind (sprich »Maind«)

Da es für diesen Begriff kein entsprechendes deutsches Wort gibt, wird der englische Ausdruck verwendet. Bedeutet in etwa »mentales Bewusst-sein« oder auch »höheres mentales Bewusstsein«.

Portaltage

Nach dem Maya-Kalender Tage mit einer hohen energetischen Schwingung und speziellen kosmischen Einströmungen / Einstrahlungen. Der »Schleier« ist an diesen Tagen dünner und ermöglicht eine besonders gute Verbindung nach Innen, zur Seele und nach oben.

Rat der Älteren

Besteht aus zwölf Räten. Diese unglaublich hochstehenden Geistwesen, bilden gemeinsam den Rat der Älteren. Sie stehen mit ihrer
Weisheit als Räte zur Verfügung und unterstützen jeweils bei bestimmten Transformationsprozessen.

Raumbrüder

Seelen, die in für das menschliche Auge unsichtbaren, magnetischen Dimensionen im Universum (im Raum) existieren und arbeiten. Sie arbeiten im Einklang mit dem Schöpfungsplan und den universellen Gesetzen.

Regenbogenkind

Strahlenkind des Regenbogenstrahls (siehe auch Strahlenkinder und Ivanor). Regenbogenkinder sind nicht nur mit einem Farbstrahl, sondern mit allen neun Farbstrahlen verbunden. Ihre Aufgabe ist dementsprechend viel umfassend. Sie sind u. a. reine Brückenbauer.

Sai Baba (1926 – 2011)

Sathya Sai Baba, sehr bekannter indischer Guru, von dem außerordentliche Wunderkräfte berichtet werden und der Anhänger in Nordamerika, Europa und in Indien hat. Er ist u. a. auch dadurch so bekannt geworden, weil er regelmäßig, ganz locker Schmuck und heilige Asche (Vibhuti) materialisierte.

Salomon

Wahre Weisheit und Einsicht. Weise Entscheidungen. Projektion von Metatron.

Seele

Der Teil von uns, der rein und ungetrübt durch irdische Erfahrungen ist und bleibt. Die Seele ist die wahre Essenz, dessen was wir wahrhaft sind. Die Seele, auch Höheres Selbst genannt, ist sehr hochschwingend und feinstofflich, also für das menschliche Auge nicht sichtbar.

»Verlorene Seelen« sind Wesenheiten, die verstorben und nicht mehr in ihrem materiellen Körper sind, aber noch auf Erden hängenbleiben. Wenn sie erkannt werden, können sie ins Licht – zurück zur Quelle – geführt werden.

Seelenplan (Soulplan)

Die Seele bringt bei der Inkarnation einen Plan mit, was sie in diesem Leben gerne verwirklichen möchte. Obwohl wir als Persönlichkeit den freien Willen haben, wird die Seele stets bemüht sein, uns dazu zu bringen, den Plan möglichst zu erfüllen.

Der eigene Name enthält eine Art Code für die Entschlüsselung des Seelenplans und zeigt u. a. Herausforderungen, Gaben und Zielen.

Das Lesen des Plans erlaubt, daran zu arbeiten, möglichst im Einklang mit dem Seelenplan zu leben und die Herausforderungen des Lebens besser zu verstehen und zu bewältigen.

St. Germain

Meister der Wandlung und Transformation. Wirkt durch violettes Licht – die violette Flamme der Transformation.

Strahlenkinder

Auch Sternenkinder, Kristallkinder, Indigos, oder schlicht die »Neuen Kinder« genannt. Diese Kinder sind besonders, vielfach sehr sensitiv und benötigen sehr viel Unterstützung und auch Schutz, um ihre Aufgaben und Ziele verwirklichen zu können. Sie tragen hochentwickelte Seelen und sind hier, um der Menschheit und der Erde zu dienen.

Frank Alper channelte neun verschiedene Strahlen. Jeder Strahl trägt einen bestimmten Farbton. Regenbogenkinder sind nicht nur mit einem Strahl, sondern mit allen neun Strahlen verbunden. Weiter oben sind z. B. bei Laurita, Lady Nadja und Ivanor verschiedene Farbstrahlen erwähnt.

Strength

Atlantischer magnetischer Meister. Viele Inkarnationen auf Atlantis in hohen Positionen. Kraftvoll, magnetisch und zugleich unglaublich liebevoll.

Uriel

Engel der Kraft. Siehe bitte auch weiter oben bei »Elina und Uriel«.

Verlorene Seelen

Siehe Seele